IE HAPPY SCIENCE UNIVERSITY:
EGY FOR NATIONAL GROWTH

究極の国家成長戦略としての「幸福の科学大学の挑戦」

大川隆法 vs. 木村智重 九鬼一 黒川白雲

※幸福の科学大学（仮称）は、2015年開学に向けて設置認可申請中です。
構想内容については変更の可能性があります。

まえがき

チャレンジ精神のある国家有為《ゆうい》の若者を輩出《はいしゅつ》する。

その目的のために、学校法人「幸福の科学学園」は創られ、関東の那須本校（全寮制）と関西校の中高一貫校二校が教育改革を始めた。今、おそるべき速さで、中学・高校教育界にイノベーションを巻き起こしつつある。

さて、太平洋を見渡せる千葉県の九十九里浜の宏大《こうだい》な敷地に、「幸福の科学大学」が建《た》ち上がってきた。来年開校の予定である。輝くばかりのピラミッド型大講堂を中心に展開されるこの大学が、日本と世界の学校教育に一大革命を起こす予定である。

学問の出発点は「志《こころざし》」である。「使命感」である。「熱意」である。そして「責任感」でもある。「幸福の科学大学」では、教職員と学生が一体になって、日本と世界の未来を創造するつもりだ。ここから新しい希望の時代が始まるのだ。日本の命運《めいうん》がかかっていると言っても過言《かごん》ではあるまい。

二〇一四年　五月二十七日

幸福《こうふく》の科学学園創立者《かがくがくえんそうりつしゃ》 兼《けん》 幸福《こうふく》の科学大学創立者《かがくだいがくそうりつしゃ》　大川隆法《おおかわりゅうほう》

究極の国家成長戦略としての「幸福の科学大学の挑戦」　目次

究極の国家成長戦略としての「幸福の科学大学の挑戦」

―大川隆法 vs. 木村智重・九鬼一・黒川白雲―

二〇一四年五月二十七日　収録
東京都・幸福の科学総合本部にて

究極の国家成長戦略としての「幸福の科学大学の挑戦」

——大川隆法 vs. 木村智重・九鬼一・黒川白雲——

二〇一四年五月二十七日　収録
東京都・幸福の科学総合本部にて

対話者　※役職は収録時点のもの

木村智重《きむらともしげ》（学校法人幸福の科学学園理事長）

一九五八年大阪府生まれ。一九八〇年京都大学法学部卒業。一九八五年米国イェール大学経営大学院修了（MBA）。信託銀行を経て、一九九四年宗教法人幸福の科学に入局。理事長、国際本部長などを歴任し、二〇一三年十一月より現職。

九鬼一《くきはじめ》（学校法人幸福の科学学園副理事長〔大学設置構想担当〕・幸福の科学大学学長候補）

一九六二年東京生まれ。一九八四年早稲田大学法学部卒業。大手石油会社を経て、一九九三年宗教法人幸福の科学入局。指導研修局長、幸福の科学出版（株）代表取締役社長などを歴任し、二〇一二年二月より学校法人幸福の科学学園理事長、二〇一三年十一月より現職。

黒川白雲《くろかわはくうん》（学校法人幸福の科学学園理事・幸福の科学大学人間幸福学部長候補）

一九六六年兵庫県生まれ。一九八九年早稲田大学政治経済学部卒業。東京都庁勤務を経て、一九九一年宗教法人幸福の科学に入局。人事局長、指導研修局長、常務理事等を歴任し、二〇一三年九月より現職。

司会

綾織次郎《あやおりじろう》（幸福の科学上級理事 兼「ザ・リバティ」編集長）

※幸福の科学大学（仮称）は、2015年開学に向けて設置認可申請中です。

1 「幸福の科学大学」の意義とは

繁栄の未来に導くのは「人づくり」

司会　本日は、幸福の科学グループ創始者兼総裁、幸福の科学学園並びに幸福の科学大学創立者・大川隆法総裁より、「究極の国家成長戦略としての『幸福の科学大学の挑戦』」というテーマで対談を頂きます。

対談者は、幸福の科学学園理事長・木村智重、幸福の科学大学学長候補の九鬼一、幸福の科学大学人間幸福学部学部長候補の黒川白雲です。どうぞよろしくお願いいたします。

大川隆法　この対談は、もう少し早く行ってもよかったかもしれません。

幸福の科学学園・中高をつくるときには、校長予定者たちと何回か対談したと思いますが、今回は、やや遅かったようにも思います。

やはり、大学等をつくるにあたって、企画している人たちの考えがどのようなものかを明らかにしておくことは、その後、大学を運営し、内容をつくっていく上で、一つの企業理念というか、大学理念になっていくでしょう。

また、こういうものは、一見、雑談風に見えますが、大事なことでもあります。実は、学問的に精緻に書いたようなものは読まれず、こうした雑談風に座談したようなものが、百年たっても読まれるものなのです。

例えば、慶応義塾大学でいえば、『福翁《ふくおう》自伝』といった、福沢諭吉の座談のようなものが、「ああ、こういう趣旨なんだ」という感じで、慶応の理念にはなるわけです。

そのように、分かりやすく考え方を話したものが、基本的には骨格になってくるのではないでしょうか。

ただ、今日は、私自身の考えだけを紹介するつもりではありません。私のほうは、ほかにも考えを問う機会が数多くありますので、実際に大学を運営する側にいる人たちの、大学にかける抱負や気持ちなどを語ってほしいと思います。

みなさん、なかなか謙虚な人柄であるので、自分のことを多く語られず、損をしている可能性もあるような気がするので、この際、思い切って、アメリカンな感じで自己ＰＲもしたほうがよいのではないかと思うのです。

やはり、当会の大学関係者らの自己ＰＲが十分ではないために、外部から見ると、経験がないように見えたり、いわゆる普通の宗教の職員ぐらいだと思われたりしているのかもしれません。今日は、そういうわけでもないのだというところを、多少なりとも引き出せたらいいかと思います。

今日の私の役割は、私自身が目立つことではありません。産婆役として、「対談相手の方々が、大学の運営をお任せして大丈夫な人かどうか」を見ていただきたいという趣旨でお話ししたいと思っています。

それでは、司会から、何かアイデアがあれば言ってください。

司会　ありがとうございます。

本日は、「究極の国家成長戦略」という非常に大きなタイトルを頂いていますが、世界の状況を見ますと、どこの先進国の経済も、一パーセントか二パーセント成長ぐらいの状況です。つまり、仕事を生み出したり、富を生み出したりしていくところで、非常に苦しんでいるところがあると思います。

一説には、「資本主義が終わった」という話もあるぐらいですが、そうした時代状況のなかで出来る、新しい大学は、どういうものなのかというところを、今日は、中心的にお話しいただければ、非常に有意義なのではないかと思っております。

では、最初に、木村理事長から、「大学設立に向けての思い」についてお話しいただけますでしょうか。

木村　今日は、「究極の国家成長戦略としての『幸福の科学大学の挑戦』」という題を頂きましたので、この点から考えると、「結局、人づくりがすべてである」と考えているんですね。「人づくりは、国づくりであり、世界づくりである」と。

これは、大川総裁から、先日の幸福の科学学園の入学式で頂いた言葉でもありますが、まさしく、私たちも同じことを考えていて、結局、システムがどうのこうの、制度がどうのこうのといったこともありましょうけれども、「それをつくっていくのは、『人』である」ということです。

ですから、「人づくり」は、まさしく、「新しい日本国家建設の要諦」であり、それは、ひいては、「世界を繁栄の未来に導いていくための核でもある」と考えています。

旧来より、よく、「教育は国家百年の計」と言われていますが、私たちは、百年のみならず、五百年、千年、二千年と、この大学を中心として、人類をもう一段進化させ、この地球文明そのものの底上げをし、永遠に上げていくような、永遠に進化する大学を創り、そのなかで人類を永遠に進化し続けられるように導いていくような、そういった人づくりを行いたいと考えているんですね。

まあ、従前の大学の関係者から見れば、われわれが掲げている、こうした志や理念というもの、そういった夢そのものが、単なる夢想家の夢にしか見えないのかもしれません。しかし、現実に、幸福の科学学園は、わずか満四年にして大きな実績を上げてきたわけです。

宗教的精神をベースにした人づくりというものが、この四年間において、進学実績においても、チアダンス部等の活躍をはじめとする課外活動においても、さまざまに顕著な実績を上げてきています。

「こうしたことが、はたして、わずか四年の期間のなかでできるのだろうか」と考えたときに、これから五年、十年、二十年、三十年と、時がたてばたつほど、この宗教精神をベースにした私たちの教育方針、あるいは教育の方向性というものがすさまじい価値を持っていることが、世間の人たちにも見えてくるのではないかと、私は考えております。

大川隆法　今、木村さんからは、「人づくりが国家の成長戦略そのものなのではないか」ということで、その大事さ、および、大学の使命について言われたと思います。

例えば、アメリカなどを見れば、建国は一七七六年で、まだ二百四十年ぐらいですけども、ハーバード大学は一六〇〇年代にできているんですよ。つまり、大学のほうが先なんです。

ヨーロッパの圧政が嫌いだったのか、旧いのが嫌いだったのか、税金が嫌いだったのかは知りませんが、ヨーロッパから逃げていったピューリタンたちが最初に到着したボストンのあたりにハーバード大学をつくっています。そのあたりから人材が出てきているわけで、ハーバードは四百年近い歴史を持っていると思うんですね。

このように、大学のほうが国家より先ということだってあるわけですよね。

つまり、人材ができれば、その人材が活躍し、やがて国家の屋台骨になるような人が出てきて、国づくりをしていくということですよね。「国家戦略に先立って教育がある」という、そういうお考えではないかと思います。

教育の「目的」が〝仕事〟をする

大川隆法　それともう一つ、私のほうから言うならば、ある意味で、「『教育の目的』のところにこそ、国家戦略を植え込むべきではないか」と思うんですね。

例えば、文科省や学校法人審議会等の人から見れば斬新すぎて理解できない部分でもあろうかと思うんですが、今、幸福の科学大学が立てている建学の初期の目標のなかに、「人間幸福学部」「経営成功学部」「未来産業学部」といったものを書いていますけれども、聞いたことがない学部ばかりですよね。

学問というのは、すでにあるもの、コピーのようなもので、「ほかのところにもあるから認めてよい」というような前例主義で考えている部分があると思うんですけれども、私の考えでは、「それであれば、わざわざ新規に参入するほどの必要はないのではないか」と思うのです。

要するに、お客さんが余っていて、「多くの学生が入りたくているのに、大学がないから建てる」というのなら、コピーでよいと思うのです。

しかし、人口が減少気味で、それほど増えないという状況において、あえて、つくるのであれば、今までにない大学をつくらなければ意味がないでしょう。

今までにないものとは何であるかといえば、目標として、国家を成長させる戦略を内に秘めた学問を研究する大学をつくることが大事なのではないかと思うのです。

例えば、人間幸福学部にしても、幸福の科学そのものが書籍を出したり、活動を行ったりしていること自体が、人間の幸福とは何かを求めて取り組んでいるわけです。「この世とあの世を貫く幸福」を求めて、ずっと行っているのです。実は、この世については、膨大な文献と、フィールドワークの蓄積があるわけですね。

「学問としては固まっていないではないか」という言い方もあるかもしれませんが、これは目標であり、目的であるからこそ、これから進化していくものでもあります。また、すでに、ある程度の実績もあるので、自信を持って行おうとしているわけです。

そういう意味では、幸福の科学の活動体系、教学体系のなかから、学問性のあるところを抽出し、整理し、それを体系化して教えられるようにしていくことが、幸福の科学大学の仕事であり、その教員たちの仕事だと思うのです。

宗教としては、人間を幸福にするために、さまざまな活動に取り組んでいますが、そのなかから学問として抽出していくこと、教育機関として、繰り返して教えるに堪える普遍性のあるものがどこであるかを研究し、固めていくことが仕事ではないでしょうか。

つまり、「人間の幸福を目指す」という一つの目標を出しているわけで、そういう意味での発展、あるいは成長の戦略が、学問のなかに入っているのです。

また、経営成功学部にしても、経営を教えている人から見れば、たぶんゲラゲラと笑うようなところはあるかもしれません。

「実際には、経営など、成功しませんよ。十に一つも成功しません。見れば見るほど、潰れてばかりです。ケーススタディとして、現実の会社を調べてみたら、潰れた企業ばかりで、新しい企業が出てきたので、『おお、行くかな』と思っていたら、バサッと潰れます。こんなことばかりです。経営成功なんて、語るに足らずになりますよ」と、良心的な人や学者的な人であればあるほど、そう考えやすいと思います。同様に、評論家的な立場でも、役人的な立場でも、そのようになりやすいでしょう。「経営成功学部なんて言って、責任が取れるのか」と、心配になってくるのだと思います。「経営というのは、たまに成功もあるけれども失敗も多い」と考えているから、責任を取らないようにしているのでしょう。

「経営がどうなるかは分からない。結果については知らない」ということで、「経営学部か事業構想学部のような感じにして構想するだけであれば、それは自由です。責任は発生しませんし、構想するだけでいいじゃないですか」と、価値中立的におっしゃる方もいるかもしれません。

そういう方々は、実は、非常に良心的なのだろうとは思います。良心的で、「経営学部には、経営者になれる人はほとんどいない」という実態を見て、親切に言ってくださっているのでしょう。

ただ、私は、先ほど述べたように、今、人口減少傾向のあるなかで、あえて新設大学を打ち出していく以上、国家目標と連動しなくてはいけないと思うのです。

その際、国家目標とは何であるべきかを考えると、やはり、会社の七割が赤字ということではいけないのではないでしょうか。

今、「法人税を減税するかどうか」という議論をしていますし、麻生副総理は、「減税しても内部留保に回されたら何にもならない。使用してくれる保証がないじゃないか。なかで貯められたら終わりだ」というようなことを言っています。

ただ、私は、そもそも赤字会社が七割ということ自体が、国家的には問題だと思うのです。

要するに、経営学部や経済学部等が、成果や結果を求めず、学問をしているつもりで教えて、卒業生を押し出しているわけです。「経営学や経済学を学んだところで、そんなもの、どうなるか分かりませんよ」という態度でしょう。

しかし、七割の会社が赤字のまま、放っておいているわけですから、はっきり言って、これは「失敗している」ということです。せめて、黒字の会社が五割を超えなければ失敗です。つまり、企業経営の学問として、経営学を教えることは、現実においては失敗に終わっているのです。

各大学にいろいろと、経済学部や経営学部はあるだろうけども、現実は失敗、負け越しですね。はっきり言って、三勝七敗では負け越しでしょう。

やはり、これを逃げては駄目なのではないでしょうか。

価値中立的な、人ごとみたいな言い方もあるとは思います。

「それは、あなたがたの運と努力によりますね、はい。さようなら」「私たちは、ケーススタディを教えたり、理論は教えますけど、あと、どうなるかは、あなたがたと外部環境によります」というような言い方もあるでしょうが、これは、やはり無責任でしょう。

「あなたがたには、黒字化して、会社を成長させるミッションがあるのだ」「私たちは、そうした使命を担う人材を育てるのだ」という強い責任感と使命感を持った学部で学生を教えることが、大切だと思うのです。

あるいは、教職員のほうも、その名前に基づいてやれば、「これは、黒字化発展するような企業をつくらなくてはいけないのだ」と重しをかけられます。「なんだ、経営成功学部を出ても、全然、成功しないじゃないか。みんな潰れているじゃないか。みんな赤字じゃないか」と言われたら、これは恥ずかしいですからね。

ですから、「そういう名前はつけないほうがいい」というのは、親切な学者や役人の方々の意見だと思います。

ただ、それをあえてつけるところに、やはり良心があるわけですし、幸福の科学大学は、教員と学生とが一緒になって、未来志向でつくっていく大学であるので、経営といっても、過去のものだけをやったのでは、もう意味がありません。経営状況はどんどん変化していますから、昔のものだけをやっていても、どんどん古びていき、新しい事態に対応できなくなります。

そのようなわけで、「新規の事態に対応できるように、常に研究し続ける経営学でなければ意味がない」と思うのです。

その意味では、たとえ、ほかの大学から笑われたとしても、「経営成功学部」というものは、あったほうがいいし、「かくあるべし」というものが、一つ入っておくべきです。

これは、宗教的なものだけではなくて、実際上の国家の成長戦略としても、企業に「経営成功」してもらわないと困るのではないでしょうか。黒字企業でいっぱいにならないと、税金が入らないではありませんか。

私たちは、国から税金をもらうことを目的にして、大学をつくっているわけではなくて、国に税金を納められるような企業をたくさん生み出すノウハウをつくって、モデル校として、いろいろなところに勉強していただきたいのです。そういう意味で、「ほかの経営学部や経済学部などにも波及効果を及ぼしたい」という気持ちを持っているのです。

九〇年代の不況というか、ディプレッション（不景気）が来てからあと、慶応大学などでも、経済学部のプレスティジ（威信）が落ちました。かつては、一枚看板みたいなところがあって、かなりよかったのですが、今は、法学部のほうが、「食いっぱぐれがない」ということで、レベルが上がってきています。やはり、それは、「経済や経営の領域におけるリーダーが、十分にいない」ということなのではないかと思うのです。

その意味で、私たちには、「使命感を担いたい」という意志があるわけです。笑われるのは、大学であり、大学の教員であり、学生たちであろうとは思うけれども、あえて、それを受けて立つ覚悟は要るのではないでしょうか。

そうした大学でなければ、認可する必要はないのではないかと思うのです。

「潰れるかどうか分かりませんけれども、ほかのところでやっていることを、そのままコピーして教えます」というのでは、意味がありません。ほとんど意味がないと思います。

また、未来産業学部は、名前を見れば、ある程度、分かりますが、国が成長していくためには、未来産業をつくっていかなければいけません。この学部も、過去のものも、もちろん研究はしますが、「今後、どう取り組むか」という、要するに、先端的な部分を研究していくところに力を入れていかなくてはいけないのです。

その意味で、「未来産業として何があるべきか」という研究は、あらゆる業態に関して参入していく可能性がある理系学問だと思うのです。

そのように、「名前が仕事をする」のです。要するに、「人づくり」も当然ですが、「目的が仕事をする」ところもあると思っているわけです。

このへんが、なかなかご理解いただけなくて大変なところでしょうから、もう少し、広報PRをしっかりしなければいけないと思っています。

私などが見ると、「経営成功学部なんて、そんなのは、やめておきなさい。経営学部にしておきなさい」と親切に言ってくれる人は、まことに良心的だとも思いますが、もし、経営者の経験が実際にある人に対して、「経営学部と経営成功学部のどちらかをつくるとしたら、どちらを選びますか」と訊いたならば、迷わず、「経営成功学部」を取ると思います。これが経営者なのです。経営者なら、そう選ぶはずです。

なぜでしょうか。もちろん、経営的観点から見ても、学生が魅力を感じる名前であって、学生が集まってくるという意味で、「大学経営という意味では、成功する名前の付け方である」ということは、経営者なら誰が見ても分かることです。

そうであると同時に、やはり、この名前を付けることによって、「責任」が生じるのは明らかなのです。「責任」や「使命感」が必要とされるのは明らかであるので、「これは、経営者なら賛成し、経営したことがない人は反対する可能性がある、リトマス試験紙のようなものだ」と思います。

したがって、「これを分かっていただけるとありがたいな」と、私は思うのですけれどもね。

2 国家戦略としての「経営成功学」

経営の「成功」と「失敗」の考え方

木村　今、大川総裁がおっしゃったとおり、確かに、学者のなかには、「経営とは、必ず失敗があるものだ。しかし、『経営成功学部』という名前を付けてしまうと、『経営が成功する学部』だから、そこで学べば、経営は成功すべきであって、もし、失敗したり、倒産したり、あるいは、いろいろな事業が傾いていったりしたら、それは宗教としての信仰を揺るがすことになるのではないか」という批判というか、心配や考え方を持っている学者さんもいるのですけれども……。

大川隆法　まあ、そうでしょうね。

木村　ただ、われわれは、「常勝思考」、つまり、「失敗をしても、あるいは、いろいろな躓きがあっても、それは、すべて、成功の種と見ることができる。だから、ありとあらゆる部分を、経営を成功させるための種とできるのだ」という意味での成功論なんです。

要するに、能天気な、おめでたい光明思想的な成功論を説いているわけではなくて、そこには、極めてしっかりとした堅実な哲学があるのです。

以前、「失敗学」というものが、ずいぶん流行りましたけれども、そういった「失敗を活かす」という考え方に近いものです。そこを誤解されて、「いやあ、宗教なのに、『成功』を付けるというのは、どうかと思う」というように言われることが多いので……。

大川隆法　まあ、それは、「親切に申し上げるとすれば、『経営成功祈願学部』にすべきだ」ということですかね（笑）（会場笑）。

木村　ええ。

大川隆法　「『祈願学部』とか、あるいは、『祈禱《きとう》学部』とか、そういう名前ならよいですけれども……」というところでしょうかね。

まあ、そういうこともありますけれども、ただ、この成功とは、今、あなた（木村）が言ったとおり、「成功したところだけを勉強する」という気持ちで言っているわけではありません。もちろん、成功するためには、さまざまな失敗の事例や、そういうケースですね。ケーススタディとして、「なぜ失敗したのか」ということも研究することが成功になるわけですから、それは、やらなければいけないですね。

戦《いくさ》で言えば、「勝った戦」ばかり研究しているというだけでは駄目で、「負けた戦」も研究することで、成功への道はあるわけですよね。それは、当然です。当然ながら、ケーススタディ的にも、いろいろと失敗したところなどの研究をしなければいけません。

例えば、ヘンリー・フォードなどは、いちおう、成功者と考えられている場合が多いですけれども、単純に、フォードの簡単な物語を読んだ人は、「この人は、失敗したの?」と言う人もいるのですよね。

彼は、「T型フォード」というものをつくりましたが、要するに、「大型で、全部黒塗り」という型で、規格を統一しさえすれば、いくらでも量産ができるため、「ローンを組めば、従業員の給料でも、大型で黒塗りの車が買える」ということで、それがフォードの夢だったわけで、実際上、それで黒塗りの車ばかりが流行りました。したがって、成功したわけですよ。「従業員の給料で、大型の車が買える」というのには成功したので、フォードは、「黒以外をやらなければ、絶対に成功する」と言い続けていました。

これを破ったのは、ほかの自動車会社でした。多品種少量生産で、黄色や赤、ブルー、白など、ほかの色を出し始め、さらに、型も変え始めたら、手間はかかりますけれども、やはり、みな黒で、同じ形の車ばかりが走ったら、実際上、紛らわしいですよね。カブトムシの軍団が走っているようなものですから、ほかの色が欲しくなります。そうしたら、高くても、手を出したくなるでしょう。

そのように、経営の生産コストから見れば高くなるけれども、そういう層も出てくるのです。当然、黒の車のなかに、黄色の車が一台走ったら、すごくかっこいいでしょう。あるいは、赤のポルシェが走ったら、かっこいいので、やはり、高くても買うでしょう。

実は、「安いこと」だけが、「自動車の目的」ではなかったのです。「自動車は、馬車や汽車の代わりに乗るもの」というだけだったら、それでよかったかもしれないけれども、自動車は、「馬車の代わり」だけではなく、ステータスシンボルでもあったわけです。

あるいは、「ファッションシンボルでもあったのだ」ということに気が付いた人は、変えてき始めました。彼女とデートをするのに、黒の大型車などでデートするのでは、やはり、かっこよくないですね。赤いポルシェで走ってみたい。やはり、その気持ちは止められません。これは二倍でも、三倍でも、五倍でも買うかもしれないです。お金はあるところにはありますから、借金してでも、買うかもしれません。こういうニーズがありますね。

これに気付いた人が、それを出し始めると、T型フォードもだんだん傾いてきて、立て直すのにずいぶん苦労しました。新型車を出すために、ずいぶん苦労して、いったん倒産の危機をくぐっておりますね。

だから、成功を教えることです。フォードは周りに成功を教えましたが、「規格を黒で統一して、つくり続けるかぎりは成功する」という考えだったので、シェアが百パーセントまで行ったのかもしれませんが、逆に、それが行き詰まりになっていきました。

そのように、成功と失敗は、実は裏表のものであり、光と影の部分でもあります。

成功が失敗になる場合もあるし、失敗が成功になる場合もあるのです。成功学のなかには、実は、そうした両面を検討しなければいけない面があるということです。

このへんについては、私たちも、小学生ではありませんので、それほどバカではありません。「そのへんは、少しお考えいただけませんか」ということです。

「では、世の中には失敗が多く、赤字が多いから、試しに『経営失敗学部』とつけて出した方が良心的でしょうか。あるいは、『経営赤字学部』というのがあれば、これは、まさしく七十パーセントの人に当たるから、実によいではないですか。『経営赤字学部の募集定員、七十名』などにしたら、誰が来るのですか」ということです。

だから、このへんは、経営を実際に行ったことがある人と、ない人との感覚の違いとしか言いようがありません。

木村　そうですね。

大川隆法　私は「ない」と思いますね。

イノベーションを前面に出した学問を

木村　経営学においても、既存の学問どおりにやればいいという考え方が主流です。もちろん、それも尊重し、やりますが、それだけでは足りないと感じています。私もイェール大学で学んで、ＭＢＡを持っていますから、ケーススタディは随分やりました。要するに、そこの学者たちは、過去の事例を研究しているのです。だから、学生たちは、もうすでに、その結論を知っています。「こうやったから、成功したんだ」とか、「こうやったから、うまくいかなかった」とかあるのですが、こちらは、結論がわかっているわけです。

それを一生懸命に理論的に、経営学的に説明してくださるのですが、現実には、卒業すれば、みんな新しい状況に入っていくんです。これだけの「乱気流の時代」にあって、新しいことがどんどん起こり、イノベーションがかかって、業界としても、社会としても、世界としても、次々と変革を余儀なくされるわけです。そのときに、「過去、こうだったから」というだけでは、やはり不十分であり、もう少し成功に至る考え方とか、態度とか、精神性も含めて教えないことには限界があると、私自身感じたんです。

ですから、ビジネススクールは、二年間のコースですが、ほとんどスキルを教えるわけです。「会計知識を持って、どのように企業を財務分析していくのか」とか、「マーケティングとしては、こういったかたちのマーケティング手法があります」とか、最近、統計学が流行っていますが、「どのように統計をすれば、現状が分析できるのか」とかいうことを教えます。

ですから、ある意味で、「スキル、スキル、スキル」です。結局、そういうもので、最大限にスキルは身につくわけですけれども、「現実に、どういう思いで経営をなしたら成功していくのか」とか、「どういう考え方が成功を導く考え方なのか」ということについては、二年間、まったく教えてもらえなかったのです。

大川隆法　それは難しいですね。

木村　ですから、私は大川総裁から「経営成功論の考え方」を学んだときは、非常に感動しましたし、その精神性の深さに感銘を受けました。

確かに、実業界において、みな、苦労し、悩んでいます。どういうふうに結論を出したらよいのか、ディシジョンメイキングしたらよいか分からないという状況にあります。

そのため、「日本のみならず、アメリカや世界の経営者も、この考え方そのものを実践すれば、必ず繁栄を生むことができる福音である」という確信を持ちましたので、ずいぶん感激したことを覚えています。

大川隆法　〝ロケットの噴射の部分〟が成功にはついているわけであり、これを取ってしまったら、竹とんぼのようになってしまって（笑）、本当にエネルギーがなくなってしまいます。やはり、方向性を明確にしないといけないと思います。だから、「七割赤字を出しているところは反省せよ」と私は言いたいです。

木村　そうですね。

大川隆法　「税金を払わないために、赤字を上手につくるのが成功だ」という考え方もあるかもしれませんが、やはり、公共心が足りなすぎますね。

木村　そうですね。それは、学問態度として価値中立とか、あるいは、学問の世界における価値相対主義みたいな考え方が全面に出てきて、「そういった方向性をつけること自体が、学問界には馴染《なじ》まない」といったところの根本対立が、今、見えてきているのではないかという感じがするんです。

大川隆法　これは、イノベーションというものを前面に押し出した学問でもあるわけですし、二十年間の長期デフレと、成長が止まっている今の日本の状況を打ち破るためにも、やはり、「経営成功学」というものを打ち立ててもらわないと、国家戦略としては、本当に困るのではないでしょうか。

ですから、国家として、「これを打ち立ててください。ぜひとも、研究して、『このようにすれば成功する』という技や考え方を、次から次へと大学として繰り出してください。幸福の科学大学で経営成功してみせて、『うわ、何でそうなるんだ』と思ったほかの大学が、『まねをしたい。勉強したい』となるようにしてください」ということです。

幸福の科学学園中学校・高等学校では、すでにそのようになってきていますからね。おそらく、大学でも同じことが起きると思うのです。

卒業生が出て、しばらくしないと分からないかもしれませんが、おそらく、「幸福の科学大学を卒業した学生は、何でこんなに仕事ができるんだ」という感じになると思います。

木村　はい。

大川隆法　こうしたことが狙いなので、国家戦略としては、これを入れない手はないでしょう。

3　未来に向けて「責任」を取る気風を

〝後追い〟や〝逃げ〟で、自らの意見を言わない態度は問題

木村　おっしゃるとおりで、私も、幸福の科学学園の担当をさせていただいていますけれども、今般、進学実績も上がりましたし、部活動においては、チアダンス部が、ロサンゼルスで行われた世界大会において、中学生の部が優勝して世界一位になり、高校生の部が準優勝で世界二位になりました。

こうしたことを考えたときに、学園の生徒たちは、那須の山のなかで勉強をしていますから、世間の人たちから見れば、「あんな那須の山のなかで、どうして世界一になるような生徒たちが生まれるのか。通常であれば、もっと環境のいい所がたくさんあるにもかかわらず、なぜなのか」と考えるのだろうと思うのです。

あるいは、進学実績に関しても、「山のなかだから塾にも行けないし、無理だろう」と思われていたのでしょうが、現実には、去年、今年と、東大合格者が二名ずつ出ていますし、早慶に至っては、今年だけで、のべ二十九名の合格者が出ています。

大川隆法　一学年九十八名中ですからね。

木村　そうです。九十八名です。そのなかで、卒業生2期生で、二十九名も出ています。

大川隆法　二年目ですよね。

木村　ええ、卒業生を出して二年目です。これが、どういうことかというと、やはり、「考え方」だと思うのです。

大川隆法　うーん。

木村　われわれには、「みなさんは世界に通用する人材になりうるんだ。国際人として、世界をまたにかけていくんだ。これから、日本が、世界の舞台で、リーダー国家として、もっともっと世界を潤し、幸福化していくためには、みなさんがた一人ひとりが、日本のみならず、世界のリーダーとして立たなくてはいけないし、それが、みなさんにはできるのだ」といった理念が下りているんですね。

そして、学園のチアダンス部の彼女たちは、中学生であるにもかかわらず、「私たちは世界一になれるんだ」という考え方を素直に受け入れ、その考え方を素直に実践したら、それを現実化できたわけです。

ですから、大川総裁が言われたように、「経営を成功させる」という強い方向性を持ち、「成功率というのは、初めからいきなり百パーセントにはならないにしても、百パーセントにしていくのだ。そして、世の多くの人々を幸福にしていくのだ。富を生み出して、この国家を、豊かで繁栄に満ちた国家にしていくのだ」という考え方そのものが経営成功学部の核になれば、中学生たちがまたたく間に世界一になったように、そういった企業家や経営者、アントレプレナー（起業家）が、雲霞《うんか》のごとく生まれてくるだろうと考えているんです。

大川隆法　私も、東大で経営学の授業を取りましたが、当時、経営学の第一人者として有名だった岡本先生という方がいて、開口一番に、「私は経営学者ですが、会社の経営はできません」とおっしゃったのです。まあ、良心的な真実を述べられたんだとは思います。

信仰告白みたいなもので、「経営はできません。会社の経営はしたことがないし、できません。だけど、経営学を教える」ということを言われたわけですが、やはり、そのときには、カクッときたものがありましたね。「ああ、この人に経営を教わっても、できはしないんだ」ということで、カクッときたのを覚えています。

それから、商法の先生で、手形・小切手法の権威でもある竹内先生という方がいたのですが、司法試験の受験用には、みんな、その人の本を使っているというような方で、大学でも「手形・小切手法」を教えていました。

その方も、「私は、一回も手形を見たことがないんですよね」と言ったため、やはり、ガクッときてしまい（笑）、もう五十歳は過ぎていたのではないかと思うのですが、会社法、手形・小切手法、商法の先生でありながら、「手形なんて見たことがない」というのです。

私は、会社へ入って新入社員のときに手形をつくっていました。それは、外国為替手形でしたが、手形・小切手を大学で勉強しても、まったく分かりませんでした。それは、実物を知らない人が教えていたからでしょう。何か抽象的で分からないし、おそらく会社についても分からないのです。

会社法も、法律としては教わりますし、会社法の勉強をして試験も受けましたけれども、「ところで、会社というのは、いったい何だろう?」ということは、やはり分からないままでした。

それから、「書類業務」という言葉も出てきますが、「書類業務とはいったい何だろうか」ということが、結局分からないのです。

要するに、先生にその経験がないために、学生に伝えられないのでしょう。経営学の先生が教えられず、「経営はできない」と言っていましたし、あるいは、手形や小切手についても、裏書きでして、輾転《てんでん》していって、信用の創造がなされる話を、一生懸命、理論的に教えてくれるのですが、実際にどういうふうに使うのか、意味が分からないのです。

例えば、私が外国為替のほうでつくったのは、普通の支払手形ではなく、逆手形というか、取り立てのほうの手形でした。

つまり、向こうに貿易で物を売って、それからその代金を回収するための請求用の手形をつくっていたのです。

しかし、これも、授業では説明を受けなかったので、全然知りませんでした。

他にも、私が財務部にいて、審査部の人と話をしたとき、当時、経営か貿易関係の有名な一橋大学の先生が、「資料を送れ」と言ってきたことがあります。

商社のなかには、事故トラブル例があるのですが、海外業務でのトラブルについて、「法務トラブルが数多く起きているでしょう。そのトラブル事例のケーススタディが欲しいから、失敗した事例をくれないか」と言ってきたわけです。

もちろん、「そんなものを誰が出すものか」とブロックしました（会場笑）。「そのような、会社が躓《つまず》いた部分、失敗してトラブルにあっているものを公開して、一橋大学で教えられてたまるものか」とブロックしたことがあります。

さらに、同級生で大蔵省（当時）の証券局に入った人がいるのですが、そこに入ったにもかかわらず、彼も証券類を見たことがないようでした。そこで、「一回、見たいので、会社へ行くから、いろいろな証券や手形等の実物を見せてくれないか」と言ってきたのです。

ただ、私は、「忙しいから、あなたの相手をしている暇はないです。ごめんなさいね。どこか、ほかに見にいってください」と言ってお断りしたのを覚えています。

つまり、実際に大学で教えているものに実用性がないところが、問題なんですよ。

最近、幸福の科学学園から東大に入った学生が発表していましたが、国際政治のオリエンテーション的な授業を聞いたところ、最初に、「私は、国際政治を教えていますが、国際政治についてはまったく分かりません」と話していたそうです。やはり、私が何十年か前に聞いた〝信仰告白〟と同じようなことを、開口一番に言ったそうで、一時間目から、「もう、がっかりした。なんだ。分からないんだ」と思ったようです。

結局、どうしたらいいかを言ってくれるのが、本当の先生としての見識でなくてはいけないのに、「国際政治がどうなるか、さっぱり分かりません」というからには、みんな後追いなのでしょう。

木村　「判断ができない」ということですね。

大川隆法　つまり、いい学校ほど、「こうすべきだ」という意見を言わないのです。外れたら、責任が出ますからね。責任がなくて、「学校の先生を、クビになっても構わない。評論家になれたらいいな」と思っているような人は言うかもしれませんが、だいたいは、まず言いません。

ただ、終わってから何十年もたったようなもの、例えば、ドイツのナチズムの研究等であれば、別に終わっているから、意見を述べてもいいのかもしれませんね。

いずれにせよ、こうした東京大学にも、年間一千億円もの予算を投入しているわけです。「もったいないと思いませんか」と、文科省に言いたくなるぐらいですよ。

もちろん、母校だから悪口を言ってはいけないのですが（会場笑）、やはり、未来に向けて、責任を持って取り組んでいこうとしていくところにこそ、国家戦略を持ってこなくては駄目なのではないかと思います。

私は、アベノミクスの成功も、これにかかっているのではないかという気もしてはいるのです。

九鬼　そのとおりだと思います。

本当に、大川総裁がおっしゃったように、教員が最初から〝逃げ〟を打っているような感じで講義に入っていたら、学生も、それを見て、「そういうふうにするんだな。そういう振る舞いが、社会に出ても有効なんだ」と思ってしまうでしょう。ですから、やはり、「経営成功」であるとか、「人間幸福」であるとかについて、責任を取るという立場をしっかりと示し、そういう志を掲げた学部が必要だと思うのです。

それに対して、「こなれていない」とか、「時間的に成熟していない」とか言われるのですが、そんなことを言っていたら、新しいものは何も始まりません。

成長戦略が本当に必要であるならば、やはり新しいものを生み出し、育てていこうという志を、潰してはいけないと思うのです。

大川隆法　そうそう、そうそう。

九鬼　ここを抑え込もうとしていたら、今より成長することはなくなるのではないでしょうか。

アメリカとの「成功学」の見方の違い

大川隆法　いや、それは「未知のこと」でもないんですよ。

民主党政権のときには、国家成長しないものだから、逃げを打ってブータンの国王夫妻を呼んだりしていましたよね。確か、「幸福度というものがある。幸福度が良くなれば、経済成長しなくても、幸福であればよいのだ。そういう幸福な社会をつくればよいのだ」というようなことをやっていました（笑）。そのように、内閣ですら模索したときがあって、「幸福度を高めてあげます」と言っていたわけです。

要するに、不幸な人を減らして、幸福に感じる人を増やそうとしていたのでしょう。そういう意味では、当会も、心理学な面、もしくは哲学的な面からの、一種の「成功哲学」を説いているのです。

ちなみに、私は、若いころ、二十代でアメリカに行き、アメリカの書店をいろいろ回ってきました。そのときの経験ですが、通俗哲学に分類されるものだとは思うものの、やはり成功哲学が非常に多いのです。ポジティブ心理学系や、成功哲学には、日本にはなかったような数多くのジャンルがありました。

アメリカでは、「このように動機づけて、目標を持ってやったら成功する」ということに関しては、ものすごい数の本があります。私は、「これがアメリカの活気の理由だ。成功している理由はここなんだ」という点で、「ここは見逃してはならないところだ」と強く思いました。

やはり、ここは学問にならないと思うのかもしれませんが、成功学のところは、学問化しなければいけないのです。

九鬼　そう思います。

先日、ゴールデン・ウィークに、教員予定者の方々に集まっていただき、人間幸福学部と経営成功学部のそれぞれについて、「ファカルティ・ディベロップメント研修」を開きました。

そして、最初に、「大川総裁がおっしゃっている、人間の幸福であるとか、経営の成功であるとか、ここをミッションとして、これらの学部を立てて行くのです」と私は申し上げたのです。その後、参加者のみなさんとも、さまざまにディスカッションをしながら、模擬授業をやったりしたのですが、やはり、最初の使命の部分、ミッションの部分がしっかり立っていることで、非常にやる気が出てくるわけです。

参加者も、「こういう方向でやっていけば、新しい事業が展開できるのではないか。学生たちを教育して、新たな人材をつくっていけるのではないか」と言っていました。

やはり、「人材づくり」ということは、「リーダーづくりだ」ということだと思うのです。そして、そのリーダーの心のなかにミッションが入っているかどうかが、ものすごく大きなことだと思いました。そうしたことを、その研修で実感いたしました。

4　未来創造型の大学を目指して

「未来創造型」の考え方を持つ大切さ

大川隆法　確かに、逆転させて、「人間幸福学」を「人間不幸学部」にし、「経営成功学部」を「経営失敗学部」にし、「未来産業学部」を「過去産業学部」に変えてみて、大学が成り立つかどうか考えてみたらいいんですよ（会場笑）。

はっきり言って、こんな大学は建てる必要がありませんよね。博物館入りであって、「博物館のなかで講義してください」と言われます。過去の話をしたり、〝瓦礫《がれき》の山〟のようなことをやるのであれば、そう言われるでしょう。

当会以外で大学の申請をしているところは、福祉や医療・看護系の学校ばかりですけれども、このへんのニーズは、目先にはあって、ここから一世代ぐらいはあるとは思いますが、そこから先は、急速に人口が減ってくるわけです。今はニーズがあるからといって建てても、いずれ人口が減ってきて若者が上がってきたら、フラットになってしまうでしょう。

つまり、「今いるから、必要なのだ」というのではなく、未来に向けて発展させていくものを持っていないと駄目だと思いますね。

私は、日本の国際競争戦略に対して、戦力としての大学の力が非常に落ちていることを、たいへん残念に感じています。

私や木村さんが若いころにはそうだったと思いますが、銀行にしても、日本の銀行は、世界のベストテンのうちに、八行ぐらいは入っていましたよ。

木村　はい、入っていましたね。

大川隆法　だから、ものすごい自信があったのです。今、聞いたら、「まさか、そんなはずはないでしょう」と思って笑う人がいるかもしれませんが、世界の銀行業のベストテンのうち、八行ぐらいは日本の銀行だったのです。大学にしても、国際競争力で、東大がトップテンの上位だったと思います。香港大学などに負けるような学校ではありませんでした。

やはり、ここには、大きな国家戦略の誤りがあると見るべきで、やはり、この大学のところについて、大きく舵を切らなければ駄目だと思います。

まあ、高齢の方は、それほど先はないかもしれませんが、若い人には未来がありますす。彼らに、八十代までの年齢があるとしたら、これから六十年以上が、彼らにかかっているのです。つまり、これから六十年、七十年の国家を彼らにゆだねるわけなので、今、方向付けをしっかりしなければ、大きな間違いになると思いますね。

黒川　私も、そういった未来創造型の大学というものこそ、社会的需要だと思います。

文部科学省の管下に、中央教育審議会というところがあるのですが、そこでも、「予測困難な時代が到来している」と言っています。

例えば、少子高齢化や経済の低迷がありますし、東日本大震災等の災害もありましたが、そういうことに対応できる人材を社会が求めているけれども、現状の大学では、そうした人材をなかなか輩出できないでいるわけです。

私たちは、そういったところにも対応すべく、大学をイノベーションすべきだと提言しているのです。

そういう意味では、「未来創造型」という考えが、各学部の名称に入り、また、学問のなかに入って、新しい未来を創造していくわけで、そういうことが入っていること自体が、今までの学問のイノベーションになるんではないでしょうか。

最近の学界でも、環境問題等をはじめ、「課題解決型の学問が大事なのではないか」という議論が起きてきています。つまり、「単にそれぞれが好きに研究していればよいのではなく、何か一つ、未来の諸問題の解決に向けて、学際的に力を合わせていくべきだ」という流れが、徐々に湧き起こっているのです。

私たちは、そうしたことを先導していく大学になるのではないかと思っております。

大川隆法　最近、週刊誌等を騒がしていますが、みな、地震の予知について知りたくて仕方がないようですね。いわゆる「3・11」以降、そういう感じです。ところが、地震学者は怖がって、正確なことを言いたくないわけです。それは、責任が生じるからです。ところが、「地震学者ではなく、分野の少し違う人が予知しているのが当たる」ということで、今、賑わしています。

実際には、あのような情報がほしいのでしょう。「何か変化が起きるかもしれない」ということが分かるなら、きちんと言ってほしいのだと思うのです。

しかし、本職ほど言いたがりません。昔、一九七〇年代でしたか、私の学生時代ころに、南海トラフ地震の予言を、東大の助教授か誰かがしていました。「例えば、トランプのカードでいえば、エースからキングまで十三枚があった場合、今、この地震が起きるかどうかは、もうクイーンかキングが出てくるかというところのあたりまで来ているんですよ」というようなことを言っていましたが、それから四十年間、地震が起きていません（会場笑）。

その後、出世はされたようですが、やや恥をかいたわけです。

そういうことで、ずいぶんお金はかけたけれども、そういうところの予知通りには地震が来なくて、さほどお金かけていないところに地震が来てしまったようではあります。

ただ、外れることはあるのでしょうが、やはり、逃げてはいけないと思うのです。

また、宇宙開発にしても、以前、探索機か何かを打ち上げて失敗し、宇宙のゴミになってしまったことがありました。行きっぱなしになって、還ってこられなくなったため、「五百億円が消えた。ゴミになった」などと書かれたこともあったわけです。

しかし、それでも恐れてはいけないところがあるのではないかと思います。

今は、積極的に攻めないといけない時期ではないでしょうか。

木村　はい、今はさまざまなことが非常にシュリンクしていると思うのです。

大川隆法　そうなんですよ。

木村　どんどんどんどん縮こまって、「縮み思考」でいます。

大川隆法　そうですね。前例思考で、どんどん昔返りしていきますね。

木村　はい。穿《うが》った見方をすれば、「大学をつくれば、補助金も出るから」というようなレベルの話になってしまい、大学の設立認可を先延ばしされるのではないかと心配しています。「これから、幸福の科学大学がどのような付加価値を生んで、どのようなかたちで国を豊かにし、どのような人材を輩出することによって国を繁栄に導こうとしているか」ということをもっと重要視していただきたい。

文科省のほうも予算がなくて、財務省から予算の縛りがあるわけです。財務省としても、「新しい大学をつくると、その分、補助金を出さなければいけない」というような……。

大川隆法　そうでしょうね。

木村　おそらく、少子化の関係もあるから、大学は少なくてもいいのではないかということも前提にあるのでしょうが、どんどん縮めていく。まったく未来に対する展望が見えない状況の閉塞感が、今あるように思います。

そうしたところを打ち破るのも、幸福の科学大学の挑戦であると考えています。

5　幸福の科学大学の設立によって人口減に対応できる

日本に住む人の幸福感を高め、経営成功させ、新しい産業を興せ

大川隆法　この三つの学部は、全部、トータルで力を合わせると、実は人口を増やす力にもなるんですよ。人間の幸福感を高め、経営が成功して会社が発展し、やっと人を雇えるようになり、さらに新しい未来産業ができてきたら、これは多くの人口を養えるようになるわけです。

「人口が減っている」という現状において、「何十年後は、これだけになります」と言って、「統計学的に見れば、何十年後は何人になります。一億人まで減ります」などと、マクロで予想するのは簡単ですが、これを変えさせるのが「努力」でしょう。

これを変えさせるには、どうしたらよいかというと、今、言ったように、日本に

住む人の幸福感を高め、経営を成功させて黒字を出し、雇用を拡大して成長させていくことが大事です。新しい産業を興すことが大事です。まったく、このとおりです。だから、人口の減少についても、やろうと思えば、歯止めがかけられるのです。思わなかったら、そのまま縮んでいきますね。

特に、役所を中心に「前例主義」になりますが、「奈良時代以来、使っていました『大蔵省』の名前は不滅です」と言ったところでも、「財務省」に変わったわけですから（笑）。国家運営の失敗があったため、財務省に変わりました。「文部省」も、古いですが、「文部科学省」に変わっているわけですからね。やはり、前例主義といっても変わるわけですから、その変化に耐えなければいけないと思います。だから、「後ろ向きの仕事」というものは、あまりよいものではないなと思っています。結局、全部、責任を取るのは、こちらですからね。つまり、私立大学がないのと一緒で、「全部、国立大学なのか」と勘違いしているような気がしないでもないですね。

九鬼　雰囲気がそんな感じです。「補助金があるから」とか。

大川隆法　では、全額を前払いしていただきたい（笑）。「大学建設費を前払いにしてくれるのであれば、言うことをきいてもいいですよ」と言いたくなります。

九鬼　「規制改革によって、岩盤規制をぶち破るんだ」ということがよく言われていますが、打ち破るのであれば、大学も同じように考えないといけないと思います。前例ということで、全部、そういうかたちでやっていきますと、同じような大学しかできなくなります。

大川隆法　はっきり言えば、「過去しか向いていない」ということですね。

九鬼　「われわれは未来を向いている」というところを理解していただくように、努力していきたいと思っています。

6　文科省の方針を実現しつつある幸福の科学学園

幸福の科学学園の実績と成功要因

大川隆法　司会の綾織さんが割り込みたいようですよ。

綾織　いえいえ。補足情報なのですが、安倍政権も大学の改革については、いろいろな方針を出していまして、大きくは二つの柱があります。

「徹底した国際化を断行する。世界に伍し、競う大学の教育環境をつくる」というのが一つです。

もう一つが、「社会を牽引するイノベーション創出のための教育環境をつくる」です。

これを考えると、「幸福の科学大学について、もし止めて、ブレーキがかかるようなことがあるとすれば、どうなのだろうか」という感じがします。

大川隆法　国際関係については、もう少し言ってほしそうですね。どちらから行きますか。では、理事長から行きましょう。

木村　はい。まず、グローバル人材の概念を文科省も出しており、三つの要素があります。

一番目は、語学力・コミュニケーション能力。「英語がきちんと話せてコミュニケーションができる」とかです。

二番目は、主体性、積極性、チャレンジ精神、使命感といった精神態度。

三番目は、異文化に対する理解と、日本人のアイデンティティー。各国の文化などを理解したうえで、日本のアイデンティティーを打ち出せることが、グローバル人材の定義として出ているのですが、まさしく、これは、今、幸福の科学学園の中高、そして大学において生み出さんとする人材像に合致するんですね。

ただ、文科省がグローバル人材の輩出を打ち出していて、グローバル化の概念は八〇年代から出ているものではあるのですが、それに対して、この三十年間、なかなか、そのような人材の輩出は難しかった。日本の国際競争力を高めて、世界のリーダー国家に導くような教育を出すことが本当に可能なのか。そのような人材をグローバル人材という定義でいうかどうかはともかく、われわれは、その使命を果たす人材の育成も、幸福の科学大学の挑戦であると考えています。

幸福の科学学園では、中学校から、かなり英語に力を入れています。

大川隆法　そうですね。

木村　今年、幸福の科学学園の中学一年生で、英検準一級を取った子がいます。

大川隆法　それはすごいですね。

木村　では、大学生で、どれだけ準一級を取っている学生がいるのでしょうか。

大川隆法　高校の英語教員でも、普通、半分は取っていないですね。取るように求められていますが、半分以上が取れません。

木村　はい。幸福の科学学園では、中学二年生でも、二級とか準二級を取っていますから、通常、取れないような「四、五年飛び」など平気でゴロゴロいる感じなんですよ。

大川隆法　いや、それは実感としてありますよ。

木村　ですから、英語力一つを取っても、幸福の科学学園の「探究創造科」などでの発表を聞いていて感じることがあります。私も、いちおうアメリカ東海岸に十年おりましたけれど、表現力にしても、発音アクセントにしても、私よりも彼らのほうがうまいのではないかと感じるときがあるんですよ。

大川隆法　そう。

木村　だから、正直なところ、「これは、ディベートしたら負けるかしれない」という危機感を持っております（笑）。中三や高一ぐらいの生徒が、平気でポンポンと、きれいな英語で、しかも、いい表現を使うんですよね。

「これは、アメリカに住んだことがないと言えないような表現ではないか」というのを繰り出してくるので、「那須の山のなかであっても、英語教育そのものが、国際人養成、グローバル人材養成のための力になっている」ということを、私は確信しているんです。

大川隆法　うーん。

　日本人ばなれした国際的な「発信力」

木村　それから、「発信力」もすごいですよね。

大川隆法　うん、うん、そうね。

木村　プレゼンテーションがすごくて、運動会や文化祭等のほか、チアダンスなどのさまざまなパフォーマンスにも顕れているんですけれども、自分の意見を、臆面もなく、しっかりと言える。

ですから、これは、「日本人であって日本人でない種族が、あそこで生まれてきている」と、非常に感じるんですよ。

大川隆法　うん、そうそう。そんな感じがしますね。

木村　発信して、自分の意見を明確に言う。これは非常にアメリカ的だし、アメリカ人が好きなタイプなんですよね。

日本人は自分の意見を言わないので、国際社会のなかでは、どうしても、「こいつは考えがないのか、単に怯えているか、臆病なだけか」というように見られがちですけれども、これを打ち破って限界突破していく一群の群れが、今、幸福の科学学園生として現れています。

最後の「異文化を理解する」ということについても、各国の文化の基本は何かと言えば、それは「宗教」です。歴史を通して、宗教がその国民性や気質、思考の傾向性というのを形づくっていますので、こういった各国の宗教を学んでいくことが大事だと思います。

幸福の科学大学の「人間幸福学」においても、そういう宗教文化の違い等も、しっかりと学べるように打ち出そうとしています。

文科省は、最近特に「グローバル人材の養成」を言っているわけですが、幸福の科学学園の教育によって、ある意味では、文科省の意向を反映していけると、私は考えています。

大川隆法　そのことが実証されつつありますよね。

木村　現実に実証されています。

7　幸福の科学学園の英語教育力について

ホームステイで実感した「切れる英語」

大川隆法　木村さんも私も、国際ビジネスマンの経験もあるし、国際伝道の経験もあって、非常に国際的志向が強いので、「現実に使えるか、使えないか」というところは、私も非常によく分かるんですよね。「これが実際に使えるのか使えないのか」という判断基準はすごくあるんです。

今、私の次女が幸福の科学学園の高二生としているんですけれども、この前、ボストンで一週間ぐらいホームステイして、それからニューヨークへ行きました。そこでほかの生徒は日本に帰ったんだけれども、彼女はチアダンス部だったので、そのまま西海岸に移動して、チアダンスの世界大会に参加したんです。かなりハードなので、親としては、「大丈夫か？」と心配していたんですね。

しかし、ボストンでは二人一組でホームステイをしたらしいんですが、受け入れ先が会社の社長さん宅で、けっこうインテリ階級だったそうです。

そこで、「以前、ホームステイで日本人の高校生を受け入れたことがあって、『三年間、学校で英会話の勉強をしてきた』と言っていたのに、ほとんどしゃべれなかった。あなたは、なんでそんなにしゃべれるんだ？」と言われたそうです。

うちの娘も中学二年生で英検二級に受かっている口なんですが、きょうだい五人のうち、上の四人は、幼児教育で、小学校に上がる前に英会話の勉強に通ったこともあるんです。でも、いちばん下の次女だけは、「英語は無理じゃないか」と思って、漢学、漢詩を勉強をさせて、「子曰《のたま》わく……」と素読の練習をする塾に通わせていたので、英語はやっていないんですよ。だから、小学校時代までは英語をまったくやっていないんです。

その、中学校で初めて英語を勉強した人が、中学二年で英検二級に受かっているわけです。これはいちおう高校修了レベルですからね。ただ、「頭がいい」などと、他のきょうだいは誰も思っていないんですよ。「ああ、そうなんだね。幸福の科学学園の英語の教育力ってすごいだなあ」と、みんな言っています。

向こうで実際に一週間ほどホームステイをしていたら、向こうの社長さんの家族が、うちの娘の話を聴いて、「ああ、それはすごいね。いい話だから、ぜひ、ほかの人に聴かせてあげたい。みんな呼んでくるから話してくれ」と言って、別の日に親戚一同や知り合いを家に呼んだので、そのとき、おそらく、当会の宗教のことを中心に話したんだろうと思います。

そこでミニ家庭集会のようなものができてしまって、向こうの方が驚いたようで、そうとう自信をつけて帰ってきました。彼女は、「話が通じる」と、びっくりして言っていたんです。

また、春休みに家に帰ってきたときに、こんなことも言っていました。

今、学校では、Z会という塾がつくっている大学進学用の英語の教科書で、おそらく単語数がいちばん多いと思われるものを使っているようですけれども、私が海外ホームステイ用に、「とにかく何でもいいから話せ」ということでつくった『中学英語でトニカク話す英会話特訓』という英会話のテキストがあるんです。

娘がそれを学んでホームステイに行ったところ、「Z会の英文の教科書と、パパがつくった参考書の英語の違いが、私でも分かるようになった」と言っていました。要するに、「切れる英語かどうか」が分かるわけですね。

私が書いた本を実際に使ってみると、よく切れるんですよ。向こうのほうがスパーっときて、下手をしたら、もう〝首が飛んでしまう〟んです。「なんでこんな英語をしゃべれるの?」という、「切れ者の英語」なんです。ズバッと入ってしまうわけです。

学校の教科書の英語では、それは出ません。日本人が書いている、日本人教育用の英語だから、そこまでいかないのですが、当会のテキストで学んだ英語を使うと、「竹光」ではなくて「真剣」なんですよ。だから切れてしまうんです。ズバーっと切れてしまうわけですね。

木村　「切れる」という武器もそうですね。

現実に、幸福の科学学園生は、那須本校・関西校の両方とも、中学三年のときにはオーストラリアのほうに行って、高二になる春休みには、ニューヨークとボストンに行っています。関西校は、ウエストコーストのほうですけれど。

私も、今の役割を担う前に、幸福の科学の北米本部長として、二年間ほどアメリカのニューヨークに住んで、全米を回っていたのですが、向こうで、那須本校の学生が来るのを二回ほど見ているんですよね。それで、何がすごいかと言ったら、彼らは、もちろん英語をしゃべるんですけれども、自分からどんどん話しかけていくんですよ。

大川隆法　そうそう。

木村　高校一年生のレベルであれば、通常、自分からアメリカ人にどんどん話しかけるようなメンタリティは形成されていないはずなんですけれども、彼らは話しかけているわけです。

大川隆法　うん。

木村　そのなかには、きちんとコミュニケーションができる生徒もいれば、コミュニケーションのできない子もいるんですが、うまくコミュニケーションできなかった場合には、「あれだけ勉強したのに、うまくいかなかったし、伝えられなかった！　悔しいから、もっと帰って勉強してやる！」などと言っているんですよ。

それこそ、先ほどおっしゃっていた成功論で、「失敗からも成功からも学ぶ常勝思考」という考え方そのものを、彼らは体現しているんですよね。

大川隆法　そうですね。

木村　だから、失敗を単なる失敗とは見ていなくて、「これこそ次のステップ」と考え、次に修得すべきものとして、「自分に何が足りないのか。どの部分が未熟なのか。何の能力を身につけなくてはいけないのか」といったことを、実体験、実践を通じ、失敗からも学んで成長につなげていくわけです。

そういう意味では、失敗を「失敗」と思っていなくて、「これは成功の一部だ」と考えているんです。

大川隆法　なるほどね。そういう面はあると思います。

木村　まさしく、「経営成功論」の小さなかたちかもしれませんが、幸福の科学学園生一人ひとりが、すでにその精神態度を持っていました。その姿を、私はアメリカで二回見ましたが、ますます先鋭化して、激しく、「アメリカ人も日本人も一緒だ」というような認識で迫ってくるのを見て……。

大川隆法　うん。負けている気持ちがないんでしょう？

木村　全然ないんですよ。

大川隆法　全然ないですよね。それは遺伝子として、ちゃんと持っているんですよ。

木村　持っていますね。

グローバルな感覚を身につけた幸福の科学学園と、模索する国立校

大川隆法　ちょっと脱線しますが、先ほど言ったように、うちの娘が十六歳のとき、高一から高二に上がる春休みにボストンに行きましたが、そのなかでハーバード大学見学ツアーの日があったそうなんです。

それで、大学内を見学していたら、ハーバード大学生のなかにいい人がいて、英語で話して意気投合したらしいんですね。

向こうのハーバードの大学生は、うちの娘のことを、てっきり、「留学生でハーバードに来ている人だ」と思って話し相手をしていたようだったんだけれども、最後のほうになって、「実は留学生ではない」ということが分かってしまったらしい。「留学生ではなくて、実は高校生だった」というのが、最後にばれて、ちょっと悔しかった。もう一段の英語のスキルアップをしなきゃ」と言っていました（笑）。

いちおう、ハーバード大学には飛び級があるので、年齢だけでは分からないので

す。そのため、向こうの男子学生は、「日本からハーバード大学に留学に来ているのだ」と思って相手をしていたというのですから、そこそこ、〝攻撃力〟はありますよね。

木村　あります。

大川隆法　攻撃しているんですね。

木村　その意味では、メンタル面においても、技術面においても、攻撃力を持った、まさしく安倍政権がつくり出したいような人材が、今、学園生から生まれていますね。

大川隆法　この前、たまたま、三男が東大に入ったので、珍しく何十年ぶりに、東大の入学式に、自分の時以来、行ってみました。三人ほどお話をされたのですが、そのなかに、「昨年度は、新入生のうちの十一人を選んで、一年間、休学資格を与えて、好きなことをしてもらった」という話がありました。

五十万円くらい、補助金が出るのかもしれません。「『海外放浪をしてもいいし、いろいろなところにお手伝いに行ってもいいし、何をしても構わないので、社会人体験のようなことをしなさい』という感じでやり、今年も、八人ほど選んだ」というのですが、要するに、何をしていいか分からないので、「とりあえず、何でもしなさい」ということで、休学させてやるというだけなのです。

これが特権で、３・１１の震災があったあたりに行って、奉仕作業をしたとか、あるいは、外国に行って、マクドナルドで働いたとか、「何でもいいからやれ」というような感じで、要するに方針が明確ではないのです。とりあえず、「一年ぐらい何か経験したら違うのではないか」というような感じなので、「東大も、今、何をしたらよいかが分からなくて、迷っているのだな」ということが、よく分かりました。

しかし、これだと、昔の中国の「下放政策」のような感じに見えなくもありません。「大学に行っても役に立たないから、まずは、農村に行って体験しろ」というようなものに少し似ています。

その意味で、「迷っているな」という感じが、はっきりしました。きっと、「どうすれば、グローバル人材ができるのか」が分からないのだと思うのです。

木村　ええ。

8　幸福の科学大学の英語教育について

世界に通用するリーダーを目指した教育内容

司会　少しお伺いしたいのですけれども、幸福の科学学園の中学・高校における、グローバルな感覚を身につける教育というものは、幸福の科学大学では、どのように展開していくのでしょうか。そこのところを、ぜひ教えていただきたいのですが。

大川隆法　どうですか？

九鬼　幸福の科学大学では、まず、「英語総合プログラム」という科目で、英語力については、一年間しっかりと鍛えるというかたちをとります。

ずっとそれをやりたいのですけれども、学部として、ほかの勉強がかなりありますので、今は、百二十四単位というところで抑えています。あまり英語ばかりやると、ほかの科目ができなくなるので、それは、少し課外に持っていきます。

課外のほうで、それをつないで、入門、初級、中級、上級と、どんどんステップアップしていけるようなかたちを取っていきつつ、年に、できれば二回、TOEICのテストを全学で行って、その結果を周知するというかたちでモチベーションを上げていき、在学中に、全学平均で七百三十点以上というところをターゲットとして決めています。

さらに、国際的な仕事をしたいと思っている人は、九百点以上というところをターゲットとしていまして、九百点以上の方には、それほど大きな金額ではないものの、奨学金を支給するというかたちにして、英語力は徹底的に鍛えたいと思っています。

それで、英語を使って、プレゼンテーションをしたり、あるいは、ビジコン（ビジネスコンテスト）大会みたいなものもやろうと思っているのですけれども、そのようなかたちの、発表の機会というのを秋口に、毎年設けて、二年生以降は、そうした「発信型」の学生をやはり養成していきたいと思っています。

そして、その発信の力と相まって、宗教を含めた思想や歴史、そして、地域文化をしっかり学んだ学生が、それぞれの地域をイメージしながら、どのようにすれば、そこで仕事をしていけるかということを、それぞれのゼミ等でも具体的に勉強していくかたちを取りたいと考えています。

そのように、相互に、アクティブラーニングで教育を高めていって、能力を開発していきたいと思っていますので、今、学園でやっている教育の延長線は、十分に描いていけると思っています。

大川隆法　幸福の科学学園の中学生や高校生も、英語の弁論大会等には、しっかり積極的に出ていますよね。

九鬼　はい、出ています。

大川隆法　やってやってやりまくっていますね。

木村　中一生では一位でしたし、中二生で、もう一人、二位に輝いた学生がいます。

それは、栃木県の大会ではあるのですが、私も聞かせていただいたところ、七分ぐらいの短い時間のなかで、集約してきれいな英語で話していましたね。

大川隆法　七分間話せるのであれば、すでに当会の国際本部に勤められるのではないですか（会場笑）。

国際本部は、ビデオを持っていって、それを上映する前口上を、五分から七分ぐらいで、原稿を書いてやっていました。七分間も話せるのであれば、そのまま、そちらで、行けてしまいますね。

木村　そうですね。

黒川　そうした国際的な発信力を高めていくところに取り組んでいます。先ほど申し上げたスピーチとか、ディベートとか、プレゼンとか、コミュニケーションとか、そういうところですね。

そして、さまざまなことについて、学園生とも話していますが、とにかく、「単なるビジネスマンではなくて、世界に通用するリーダーになりたい」との声が聞かれます。

大川隆法　うーん。

黒川　例えば、「自分は国連に入って、国連改革を行い、日本を常任理事国にするんだ」とか、「海外でグローバル企業を起こすんだ」とか、そういう意見を聞くのです。

大川隆法　なるほど。

黒川　やはり、大川総裁から、「世界に羽ばたく大鷲になれ」という理念を頂いていますので、大学でも、そういう志の高い学生たちが、世界に羽ばたけるような授業をつくっていきたいと思っています。

大川隆法　そうですね。

「英語力」と「考えの中身」の両方で「グローバル化」を広げる

大川隆法　私も以前、英語について、「道具としてのスキルだけではなく、中身が大事だ」ということを言ったことがあります。

ちなみに、先日、東大の入学式に行ったのですが、そのときに、ゲストに呼ばれていた、雅子さまのお父様（小和田恆氏）が同じようなことを言っていました。

その話のなかで印象に残ったのは、そこだけなんですが、国際司法裁判所の所長をしておられたその方は、「英語だけをやっても、国際人にはなれませんよ。グローバル人材になりたかったら、やっぱり中身が大事です」ということを言っていました。ただ、そこは同感するところがあったのです。「〝英語使い〟はたくさんいるけれども、中身がなかったら仕事ができない」ということを彼は実体験なされたのだと思いますが、実際にはそのとおりなのです。

だから、私は一緒に中身もつくっているのです。中身もつくりながら、英語もやっているのですが、両面からやらなければ、グローバル人材にはなりません。

さらに、そのときに小和田氏が話していたのは、「国際化とグローバル化は違うのだ。国際化というのは、明治維新のように、ペリーが来て開国せざるをえなくなり、外国に無理矢理、開国させられて、外国のものがたくさん入ってくること。これが国際化である。

グローバル化というのは、そういうことではない。例えば、アメリカならアメリカのやり方のような、一定の価値観を持ったものを押し広げていくことが、グローバル化なのだ。一定の考えや中身があって、その中身を、価値あるものとして、ほかの人が受け入れていくこと。門戸を開いて、国の伝統的な文化だけではなく、そういうものも積極的に受け入れていくこと。これがグローバル化だ。

明治維新のときのように、無理矢理、開けさせられたというのではなく、進んでそれを受け入れ、取り入れていくのがグローバル化なのだ」というようなことを言っていました。

それを聞いて、「わりに近いところを感じているのかな」と思ったのです。
九鬼さんも、社会人のときは、研修で海外に行っていたのではないですか。

9　幸福の科学大学で進めるメカトロニクスの研究について

二〇五〇年の日本の産業の姿をイメージしての研究を

九鬼　はい、一カ月半ぐらい、アメリカとカナダに研修で行きました。

大川隆法　ああ、そうですか。

九鬼　当時は、エネルギー関係の仕事でしたので……。

大川隆法　エネルギー！　これは、未来産業にも役に立つものですねえ（会場笑）。

九鬼　はい、石油の価格が、今の約十分の一ぐらいの時代でしたが、そのときに、カナダのアルバータ州の研究所に行ったところ、オイルサンドなど、そういうものを研究していたのです。

今のシェールオイルとかとは少し違うのですが、あれに近いかたちで、もっと石油を取り出す方法を考えていました。

大川隆法　なるほど。

九鬼　「これが、どのくらいになったらパリティ（等価）になるんですか」と伺ったところ、「バーレルあたり、五、六十ドル以上にならないと無理です」と言っていました。

当時は、「今の五、六倍になるのは、ずいぶん先ではないか」と思っていたのですが、二〇〇〇年ごろには、それを超えて、今は、百ドルになっています。

大川隆法　うん、うん、うん。

九鬼　ええ、百ドルを超えて、ずっと推移していますから、そういう意味では、今すぐに、そうならないと思うことでも、未来を見つめて研究する姿勢は非常に大事だなと思います。私は、そういうことをアルバータの研究所で学びました。

大川隆法　大学の学長候補に、早稲田の法学部を出て、エネルギー政策の実践に精通している方がいるのは、国にとって非常に心強いことですよ。エネルギー政策が分かるわけですから。

私は、ものの本で読んだり、新聞で読んだりして、「アメリカに、シェールオイルやシェールガスが出た」などと述べていますが、これが、どこまで本当か嘘かには、やはり難しいものがあります。

二千メートルも掘って、横にも掘ると言って、「これが出る」というけれども、うーん、実用化できるのかできないのか。騙されているのか、騙されていないのか。やはり、それを見切るのは、そうとう難しいですよね。これには専門性がないと。

だから、九鬼さんなんかには、きっと分かりやすいのだろうなと思うんですけど、私なんかには、もしかしたら騙されているかもしれないし（会場笑）、選挙対策で言っている可能性もあるので、もうひとつ分からないんです。

九鬼　ええ。ただ、真剣に研究していて、一見、「これは、本当に、ものになるのだろうか」というふうにも思いましたけれども、真面目にコツコツとやっている研究が、あとになって成果として出てくるというのを感じました。

大川隆法　なるほどね。

九鬼　同じように、まあ、未来産業学部は、メカトロニクスから始めますけれども、これは、いちおう、「二〇五〇年の日本の産業の姿」をイメージした上で、「そのいちばん中核で、すべてにおいて汎用性の高いものは何か」と考え、この、ロボティクスを中心としたメカトロニクスを選びました。

大川隆法　なるほど。うーん。

九鬼　「あれも、これも」というわけにはなかなかいきませんので、「そこに集中してやりつつ、広げていこう」という、一点突破して展開していく考え方でつくらせていただいています。

大川隆法　ええ。

九鬼　これが、未来に向けての大きな投資になるだろうと思うし、そこに、ミッションが加わります。やはり、「自分のために研究しているのだ」ということだと、どうしても迫力が出ないですから。

それから、チームワークですね。幸福の科学学園のチアダンス部もそうですが、みんなで、同じミッション、つまり、「未来の日本をつくり、未来の世界をつくるんだ。新しい文明を目指そう」という気持ちで研究をしていくと、大きな大きな力が出てくると思います。

10　幸福の科学の教えが持つ「知の体系」について

「理系」「文系」の枠を超えた、元になる「教養」とは

大川隆法　そのへんの、未来を考える意味では、理系・文系といっても、枠が違うようで、実は、同じというか、協力しなければできない面もあるんですよね。例えば、私が、昔勤めていた商社などでも、私がいたころは、テキサスで油田を掘っていました。小さい油田で、試掘に近いのですが、油田を掘っていて、油が、少し出たり、出なかったり、出始めたりすることがあります。

掘るほうは掘るほうで、現地の事業の本部がやっているのですけども、「それをどういうふうにプレゼンして、発表していくか」や、その時期、あるいは、株式の決算など、いろいろありますから、そういうときに、「どこのタイミングで、『ここ

で、一本、当たりました』とか、『出ました！』とかいうＰＲをするか」は、財務部のほうの仕事で、私も、けっこう、「これは、まだ伏せておいて、このあたりのタイミングに」などと言われました。

つまり、実際に掘っているところと、それをＰＲしていくところですね。時期を選んで、銀行を集めて説明し、ＰＲしなければいけないのですが、「ここで掘って、当てました！　出ます。エビでタイを釣っているような状態です」という感じで言うと、「おお！　そうですか」というように、あちらが融資したくなってくるわけです。

また、「それと、アメリカのほうでお金を集めるのと、どちらが資金量が多くて、安くいくか」というように競争させてやったりするのは、文系的な仕事ですけども、そのように、全部リンクしてくるんですよね。

だから、理系のほうも説明できなかったら駄目なんですよ。

あるいは、医療機械をつくるにしても、「こういう機械をつくって、売る」ということについて説明できないと駄目ですね。

理系も文系も、ある程度、商品知識的なものとして、あるいは、事業知識的なものとしては要るんですよね。それを持っていなければいけません。

だから、「総合的に、いろいろな学問を知っていなければいかん」というのは感じました。

九鬼　はい。もとになるような教養も、しっかり身につけていきます。

やはり、みんな、「人を幸福にしたい」という人に魅力的なものを感じ、引き寄せられますので、ただ単に、未来産業の技術開発をしているのではなくて、「それが、役立って、みんなの幸福につながるんだ」ということを、心臓部としての人間幸福学部で、しっかりつくっていきたいと思っているんですよ。

「宗教」の奥にある「知的教養」の秘密とは

大川隆法　大きな会社とか役所とかでは、いわゆる、事務も多いと思いますけども、黒川さんは、事務畑というか、実務畑でのエキスパートでもありますからね。

私は、彼が幸福の科学に入局して二十年間、知らなかったのですけれども、（黒川に）早稲田の政経を卒業して、東京都庁へ一番で入庁し、総代として読んだんだって？　それを、もう少し早めに言っておいてくれたら、彼の〝被害〟は少なくて済んだのですけれども。私は、彼を、雑用で、たくさんこき使った覚えがそうとうあります。

まずは、運転手として失格の駄目出しが出て、買い物への駄目出しが出て……。

黒川　（苦笑）

大川隆法　彼は、肉を、三回、買いに行かされたのですが、「全部、駄目」ということで、要するに、「料理の目的に合った肉が買えない」ということで、駄目出しされてしまいました。

最後は書籍の係のほうに回りましたが、かなり不当なこき使われ方をされて、下積みをなされたとは思います。

何と言いますか、彼の知識意欲とか、情報整理能力、伝達能力、分析能力のようなものは、そうとう高いですよね。ほかでは見たことがないぐらい高いです。

少し、自己PRをどうぞ。

黒川　いえいえ（笑）。ありがとうございます。

大川総裁の書籍の管理もお手伝いさせていただいていたのですが、大川総裁の、本当に膨大な知の体系の一部の、その後ろ姿を、陰ながら学ばせていただいていました。

「知的巨人を目指す」ということで、本当に、日々、ものすごい分量の書籍を読まれていましたので、やはり、私もそれを目指そうと思い、自分自身、今まで努力を積み重ねてきたつもりですし、また、学生たちにも、ぜひ、この大学に入ったからには、知的巨人を目指していただきたいと思っております。

幸福の科学大学にも、この「幸福の科学精神」であるとか、「幸福の科学教学」というのが、入っておりますが、これからの未来の学問の〝種〟がたくさんあると思っています。

大川隆法　そうなんです。いわゆる、ただの「新興宗教」という枠で思っているのであれば、大間違いなんですよね。

私の本を読んだら分かるように、実は、現代の諸学問の全部を渉猟したあとなんですよ。ですから、宗教を勉強しながら、教養が身に付くようになっているんです。

黒川　はい。

大川隆法　そのため、学園生もそうですし、サクセス生などもそうなのですが、大学に入ったら、ほかの学生と違うらしいんですよ。何か、「自分たちとは、えらく違う」ということを感じるようです。

要するに、バックグラウンドとして、知的教養を持っているんですよね。

黒川　そうですね。

大川隆法　それは、「宗教の特殊な教養を知っている」ということではなくて、要するに、いちおう、学問として、「適合性」というか、「正当性」のある部分が、ちゃんと基礎に入っているんです。そうしたものが基礎に入った上で、宗教的な考え方、価値判断などが乗っているので、できるんですよ。

今回も、幸福の科学学園生のなかには、東大の後期試験の論文で受かった生徒がいますが、後期試験では、百人しか受からないですよね。今年は、麻布高校でも、後期試験で受かった生徒は出ていないのですが、学園生はちゃんと入っています。

今回は、「ザ・リバティ」の編集長（司会の綾織）がいるから、お世辞もかねて言いますが、「東大の後期試験を受ける人は、二月から九月あたりまでに発行された『ザ・リバティ』を読んでおけば、まず、過去十年の東大の問題を見たかぎり、答案が書ける。そうすれば受かるから、後期試験まで捨てないように」と、私は言っておいたのです。その結果、ちゃんと受かっていますから、やはり、書けるんですね。

要するに、当会が出している雑誌に載っているメインの時事問題についても、的確な、学問的な裏づけのある分析をして、情報を出しているので、それを読んでいると、ちゃんと論文が書けるわけです。

あらゆる分野において話題になったものをすべて捉えてありますから、もし、大学の先生のほうが「ザ・リバティ」を読んでいなかったら、実は、ものすごく切れ味のいい小論文が書けてしまうんですよね。

ですから、学問性はちゃんとあるんです。このあたりが違うわけですね。

黒川　多少、「宗教を学ぶのか」というように見られるのですが、実は、奥に、膨大な学問的な……。

大川隆法　そうそう。実は背景があるんです。

まあ、これが例になるかどうか分かりませんが、私の三男も、今、東大の文Ⅰに通っていまして、東大も、「論文の書き方を教えないといけない」ということで、一年の初めから、小論文の書き方コースをしているようです。それで、ゼミのようなものがあるのですが、「ほかの学校から来た学生が、まったく相手にならないんだ」と言うんですよ。もう、まったく相手にならなくて、全部、論破してしまうそうです。

「論理的にここがおかしい」とか「知識的にここが足りていない」とか、ズバズバズバズバッと指摘したら、みんなギャフンと言って黙ってしまい、何も言わなくなってしまうため、もう、まったく相手にならず、「敵なしの状態だ」と言っていますが、実は、これは、幸福の科学の教養が背景に入っているからなんです。

当会の教学をしていると、結局、大人と変わらないといいますか、実は、本を読んでいるだけで、知識人のレベルまでいっているんですよね。

ほかの学生が、学校の授業では習っていない部分をたくさん知っているから、「何でそんなことが分かるのかが分からない」といいますか、「少し驚きの状態になっている」というように言っていました。

ただ、こうしたことは、普通に起きることだと思うのです。おそらく、ほかの大学でも起きていることでしょう。

黒川　そうですね。人間幸福学部でも、輩出人材として、各界のリーダー人材を出すということを言っているのですが……。

大川隆法　そうそう、リーダー人材ですよね。

黒川　そこが、政治、経済、哲学、心理……と、あらゆる分野にわたって膨大なことを知っている知的巨人が生まれてきます。

大川隆法　だから、「専門性が足りない」と思われるかもしれないけれども、安倍政権そのものは、けっこう、当会の考えをベースにして動いているではありませんか（笑）。

黒川　（笑）はい。

大川隆法　実際上、国際政治や外交、経済から、いろいろなものが動いているではないですか。

黒川　はい。

最初から「人生の大学院」を掲げていた幸福の科学

木村　学者筋からの意見としては、「大川総裁から出ているのは、教祖としてのドクトリン（教義）であって、大学で教えるべきは、それを解釈した弟子のディシプリン（学問）であるべきであって、教祖から出ている教材等の教えは、もう分かっている。ただ、それをきちっと解釈した弟子のディシプリンが足りない」というところを指摘されています。

大川隆法　それは、そのとおりだと思います。

でも、大学の一年生から入っていくわけで、順番につくっていけるものなのですから、あなたがたの知的能力を軽く見過ぎていると思うんですよ。毎年の仕事があるのでね。

木村　現実に、二十八年間の教団内部における蓄積には凄まじいものがありますから、今、それを、学問として呈示できるよう、整理している段階です。

大川隆法　すでに、全部は教えることができないほどの量がありますので、そのなかから、大学生に適した部分を取り出していこうとしているわけです。

それから、さまざまなものに言及していますので、それに関連する学問はほかにもたくさんありますし、学者の名前もたくさん出ています。学者の名前を出している関連本なども紹介していますので、そのあたりを上手に組み合わせていけば、専門的なものとしてもつくれるはずです。

といいますか、すでに、「それを乗り越えた部分が出ている」ということなんですよ。ベースにしてはいるけれども、それを乗り越えて意見を言っているわけです。

九鬼　それは、要するに、「学修」ということになると思います。

「大学へ行くと、授業がつまらない」というような話も聞きますけれども、「幸福の科学大学では、つまらない授業をしてはいけない」と思っております。

やはり、学生の知的好奇心をしっかり刺激しつつ、努力して学べるようにしたい。学生が、「あっ！　次の時間は○○学だ。授業に行きたいなあ。今日はどんな話をしてくれるんだろう」と思ってワクワクするような教育をしていきたいと考えているんです。

大川隆法　うーん。

九鬼　そうなると、やはり、学生も一生懸命に勉強していく気持ちが起きてきます。そのもとは、何と言っても、今、まさに、大川総裁がずっとご自身で勉学をされてきたその姿勢を見た学生が、総裁が地上におられるときにつくった大学で、「大学」というものの新しいかたちをつくっていけることです。

これは非常に大きなことであって、ただ単に、昔からつながってきているものを教職員が伝えるだけではなく、新たに創造していくこと。これがやはり、宗教を含めた、ある種のイノベーション、新たな融合ではないでしょうか。

ぜひ、寛容な気持ちで、この新しい試みをご覧いただけるとありがたいと思っています。

大川隆法　最初に幸福の科学が旗揚げしたときから、「人生の大学院」という副題をつけていたほどです。「大人たちまで教えられる学問」というつもりでつくっていますので、学問性があるわけです。

大人たちが勉強できるところまで入っていたため、当会では、実際に、八十、九十、百歳代の方までが勉強していますし、大学を出た方や、いろいろなところで立場のある方、大学の教授をしている方なども、当会で勉強をなされています。

大学ではだいたい十八から二十そこそこの人を教えていますが、こちらは幼児教育から百歳代までの幅広い「人生大学・大学院」になっているので、ジャンルとしてもかなり広いですよね。それだけ、いろいろな方に合うようにできているのです。

つまり、幸福の科学自体が、とっくの昔に、すでに〝総合大学〟化しているわけです。それを、たまたまその年齢に合った人のかたちにパッケージするだけのことですからね。

黒川　「幸福の科学は、出発点から〝総合大学〟だった」というわけですね。

大川隆法　そうそう。そのつもりなんです。

新しい学問の可能性を拓く幸福の科学大学の理念

黒川　大川総裁から、昭和六十二年に「幸福の科学入会の心得」を頂いたんですけれども、そこで、「本会の研究対象は宗教・哲学・政治・経済・心理・医療・健康・芸術・歴史・文学・国際問題・科学など、一切の宗派、一切の学問領域を超えた領野であり、人間精神の向上と発展を課題の中心とする」と賜っています。まさにここが、大学が目指すべきものではないでしょうか。

大川隆法　それは、本来の意味での、ソクラテス的な意味における「哲学」なんですよね。「万学の祖」としての哲学には、全部入っているんです。

黒川　そうですね。はい。

大川隆法　哲学には全部入っているので、これがバラバラに、いちおう専門分化していったのでしょう。それは「狭い範囲にして専門家がつくる」という意味では、それなりに役に立ったけれども、パラパラになりすぎて、〝有機的統合〟ができないために、相互の化学反応のようなかたちでのイノベーション及び新しいものを創生していく力が足りないのです。

ここが今、大事なのです。「全部を触媒として、これを変化させていくものは何か」と言うと、これは、「幸福の科学」という言葉で表されているものです。諸学問や諸宗教がありますし、別に、当会は、キリスト教も、仏教も、イスラム教も、日本神道も否定せずに受け入れていますし、今も研究を続けています。

それを、どうするかといえば、単にバラバラに小さく専門分化していって、虫の分解のようにしていくわけです。バラバラにして、羽を取って、頭を取って、足を取って終わりではないのです。それが学問だと思っているのなら、それは一面的な見方です。分析的学問も、学問ですけれども、統合する能力がなかったら、実は何にも役に立たないのです。

分析する研究は大事です。しかし、統合も要るのです。分析もしますが、それをまとめて、「次の時代に何が使えるようなものになってくるか」ということを考えて、統合しなければいけません。

ですから、過去や現在に行っていることは、全部、学ぶ気がありますし、ジャーナリスティックなものに対しても開いています。ほかの宗教では、「一切、ほかのものは読むな」「新聞は読むな」「雑誌は読むな」「ほかの本は読むな」と言っているところがありますが、そこは現に大学を持っていますし、政権にも入っています。そういう宗教が大学を持っている。

当会は、新聞も、雑誌も、本も読んでも構わないし、外国の本も構わないし、ほかの宗教を勉強しても構わないわけです。それだけ開いていくだけの自信がありますす。求心力としての〝マグネット〟〝磁石〟があり、自信があるからですね。〝砂鉄〟を集めてくる自信があるからだと思うのです。

木村　学問界のなかからも、「あまりに専門分化された学問を、もう一段、鳥瞰《ちょうかん》するといいますか、俯瞰《ふかん》していって、統合できるような視点と能力が必要だ」という発信がなされています。そういう意味では、当会の考え方は、そのための一つの体系として、学問として世に出せると思います。

今、黒川さんの話を聴いていて感じましたが、私の個人的な意見としても、幸福の科学大学では、ある意味で、「疑問がない」と思うのです。疑問というものが出てきたら、即座に「探究の姿勢」に変わっていくからです。「何でだろう」という疑問を、ずっと疑問のままに残すのではなく、すぐさま、それを探究していく姿勢に変えていってこその研究者であり、それが固まった段階で教えていくのが教育者であると思っています。まさしく、「あらゆる学問を渉猟《しょうりょう》して、探究していく」という姿勢そのものが真の意味で科学的であり、学問の本質でもあると考えています。

ですから、一九八六年から始まった当会の探究の精神を大切にする理念そのものが大学のなかで開花していくわけです。

11　教育の本来の使命について

大学の起源には、宗教の存在がある

大川隆法　はい。できるべくして、大学ができようとしていると思いますし、確かに、昔の大学は、宗教と一体化しているものが多かったのです。宗教が即大学でした。日本もそうでしたね。

九鬼　はい。先ほどのハーバード大学は、神学校から始まりました。

大川隆法　そうです。日本もお寺が学校でした。だいたい、本山《ほんざん》のようなところが、昔の〝総合大学〟だったのでしょう。

木村　仏教のナーランダ大学も一万人を擁していましたし、あの時代のインドにおいて、総合大学では世界一だったわけです。

大川隆法　ですから、当然のことをやっているだけです。

例えば、空海が持って帰ったという「築堤法」などがあります。そういうダムのつくり方から、「気象学」「天気予報の学」まで持って帰っているわけですから、文系も理系もないです。あらゆるものを持って帰ってきています。これが、本来、尊敬されるべき宗教の姿だと思うのです。

また、情報整理学としての価値判断があります。やはり、情報が多すぎるのです。がらくたの山のようにあるので、「がらくたの部分をシャッフルして、どうやって〝砂金〟部分を取り出していって、〝金の像〟をつくり出すか」というところが仕事ですね。

黒川　そうですね。「幸福の科学的精神」、あるいは、「人間幸福」や「経営成功」という理念の下に学部名を出しています。この理念の下に、新しい学問が始まっていくと思うんですね。

大川隆法　そうです。

黒川　例えば、実際に、私たちの大学に来る予定の教員の方で、看護学をしている方がいるのですが、その方は看護に霊的人生観を取り入れていて、ガンなどで寿命が短い方に霊的人生観をお伝えすると、「不安が減少した」とか、「幸福感が増した」とかいうような研究結果を論文にして出しておられます。そういうさまざまなかたちで、すでに、さまざまな学問にも影響を与えているんですね。
　そして、さらに学問の進歩に役立ち、学問の進歩に貢献する幸福の科学大学になっていきたいと思っています。

大川隆法　先端医学については、特に生命倫理のところが最も問題だから、このへんについては、宗教との接点が非常にあります。

また、天文学や宇宙学のほうも、かなり当会と接近してきていると思います。

さらに、教育学の問題など、いろいろなものが、ずばり当たってきていると思うのです。

やはり、「何が問題なのか」をはっきり示しているのは、当会のほうだと思いますから、実に楽しい大学だと思いますね。

人間に新しい付加価値を付ける「教育の力」

九鬼　私も、かつて出版局にいたことがありまして……。

大川隆法　「教養の大陸シリーズ」は、あなたが作ったんですよね。

九鬼　はい、そうです。

大川隆法　さすがですね。

九鬼　（笑）

大川隆法　「教養の大陸シリーズ」という、「知の巨人」のシリーズを作ろうとしたわけですよね。

九鬼　はい。たくさんの学問がありますが、それぞれを個別に研究して進化させるかたちで発表しているだけではいけないと思いました。

ただ、出版事業として、文化や言論の力で、いろいろなかたちで提言していくことは大事なのですが、新しいものを生み出すためには大学が必要だと思うのです。

大川隆法　うん。

九鬼　やはり、大学がなければいけないと思います。その学問を研究し、深めていきつつ、人材を養成していくというシステムですが、ここに次の日本の成長の鍵が隠されているのではないでしょうか。

大川隆法　教育の本来の使命は、いろいろな職業に就ける人をつくり出すことですよね。

つまり、高い見識と専門技能、知識等を身につけさせることです。「親の代の仕事をそのまま継ぐという世界観」「封建時代の職業観」ではなく、「教育を経過して、一代で新しい職業に就けるという職業観」ですよ。

「大工さんの子供で生まれても、医学部に行ったら医者になれる」というのが、教育の効果なんですよね。医学部に六年間通えば医者になれるし、男性でも女性でもなれるわけです。

このように、人間に新しい付加価値を付けるのは、教育の部分ですよ。

九鬼　そうだと思います。学校教育法の八十三条に、「大学は、学術の中心として、広く知識を授けるとともに、深く専門の学芸を教授研究し、知的、道徳的及び応用的能力を展開させることを目的とする」とありますが、「広い知識を授けること」と「専門を深める」という、その両方の使命を果たしていくのが大学だと思います。

大川隆法　しかし、大学ができることで、それ自体がマグネットになって、大学人や研究者たちが、新天地を求めて集まってくるでしょうね。

「もっとやりたい。自分たちのフィールドについても、やってほしい。こちらも、新しい学問を開拓したいので受け入れてほしい」というような感じが起きてきそうです。

九鬼　学部名も非常にアトラクティブなネーミングだと思います。昨年も、いろいろな教員候補の方と面談をいたしましたが、「面白そうだ。ここは新しいことができそうだ」と言っていた方がいました。

これが確立して、世に認められたら、もっともっと多くの人材が集まってきて、新しい活況が生まれてくるのではないかと思います。

12　宗教と大学の関係性について

信仰を否定しての「宗教学」は成り立たない

大川隆法　当会の教学等についても、「教養課程では使えるけれども、専門課程で認めるのはどうでしょうか」というような感じの意見もあるとのことですが、人間幸福学部は、基本的に、〝修道士養成コース〟的な意味合いを中心には持っていたので、卒業した人が、幸福の科学の職員になるのにふさわしいような教育をしなくてはいけないわけです。

つまり、〝修道士〟をつくるという意味では、当会の教学の部分も、ある程度、専門性を持っているとは思うのです。

ただ、全員が幸福の科学職員になるわけではないので、一般企業に就職したり、起業したりしてもよいような人間をつくるために、国際分野等の知識や、それ以外の一般的な専門知識を入れようとしているということです。その両睨みで、やっているんですよ。

やはり、このへんについて分かってもらわないといけないのかなという気がしますね。

木村　それに絡んで、一部の学者の方から、意見が出ています。

われわれとしては、学長には、九鬼が最適だと考えているわけですけれど、九鬼にしても、私にしても、黒川にしてもそうなのですが、「大学で教えた経験がないではないか。大学で働いたこともないではないか。だから、学長や学部長として、ふさわしいとは思えないのだ」というような、マターではなく、マナーの問題、形式的な条件を中心に意見や考えを出してこられる方もいるのです。

大川隆法　うん。

木村　今言ったようなかたちで、われわれとしては、幸福の科学のなかで、学長候補の九鬼がやってきたことは、ある意味で、僧職者としての深い経験となっていますし、実際に、幸福の科学事務局長として、会の予算配分をしたり、幸福の科学出版社長もしたりと、マネジメント能力もあるので、最初期のこのくらいの規模の大学であれば、まったく問題なく、学長の任に堪え、人々の指導も、大学運営・マネジメントもできると考えているわけです。

大川隆法　みなさん、講師としても二十年ぐらいのキャリアを持っておられます。僧職者として二十年のキャリアを持っていますのでね。

以前、上智大学名誉教授の渡部昇一さんと対談したことがあるんですが（『フランクリー・スピーキング』〔幸福の科学出版刊〕参照）、そのなかでこんな話がありました。

その当時、渡部さんは還暦に近い年齢だったと思いますけれども、「上智大の先生のなかでは、渡部さんほど活躍している人はいないのではありませんか。これだけ活躍をしていたら、上智大もそれを認めるべきではないでしょうか。私だったら、当然ながら、渡部昇一さんを学長にしますけれども、なぜならないんですか」というような質問をしたのです。

すると渡部さんは、「いえ、上智大学はキリスト教の団体が経営している学校ですので、学長になるには神父さんのほうがよい。だから、教員は雇えるけれども、上のマネジメント層に入るには、要するに、神父の資格があったほうがよい」とおっしゃっていました。

確か、あの大学には修道院もついているんですよね。イエズス会だったかと思いますけれども、要するに、修道会が経営している大学なので、カトリックのほうで僧職者としてのキャリアがあったほうが、運営者としても認められやすいため、渡部さんは学長にはならないということを、おっしゃったのです。

そのとき、「学識だけでは駄目なのだ」ということが印象的でした。

「ずいぶん数多くの本を出されておいでだから、学長もいけるのではないか。大学としても、宣伝にもなるのに、なぜ、せっかくの手を使わないのだろうか」と思ったのですが、渡部さんはそのようにおっしゃっていたのです。

「宗教がつくった大学では、修道士など、修行した人が偉いのだ。この世的な実学を教えられる人たちを多少は採用しつつ、要するに、神学校コースに入る学生を教えるメインにする。それ以外のところとして、キリスト教精神を身につけながら、いろいろなところに就職していく人には、天理教の〝においがけ〟のように伝道していく。そういう人たちをつくっていくのだ」と理解したんですけどね。

だから、「外から来た人は学長を張ることはできない」ということなんですね。

木村　そうですね。そうでなければ、建学の理念など理解しがたいでしょうから。

大川隆法　そうですね。意味が分からないから、「価値中立的なことをするのがいい」と思うでしょう。

だから、宗教学の先生をもってきても、やはり同じなんですよ。宗教学の理念自体が「価値判断をしない」ということになっています。フィールドワークは構わないのですけれども、要するに、「みんな同じように観察する」といった考えであり、「価値判断をしない。入れ込まない。好き嫌いや、正邪を分かたない」ということで、宗教学のほうは成り立っているわけです。

怖いのは、例えば、幸福の科学大学の教授陣をつくろうと考えて、幸福の科学の信者子弟を、さまざまな大学の宗教学部や宗教学科、あるいは神学部等に入れますと、信仰心がなくなっていくおそれがあるんですよ。要するに、宗教学者は信仰心がないんです。理科の実験でもしているかのように、その宗教活動や教義等を見る。虫でも観察するように、他人事のように見る癖があるんです。

「それが学問的態度だ」とおっしゃるのでしょう。しかし、それでも、例えば、修道会のようなところが経営している大学、カトリックでもプロテスタントでも何でも構いませんが、修道院が付いているような大学の場合、信仰を否定しての宗教学のようなものは成立しませんよ。

基本的に、「神様を信じていません」が、宗教学を講じています」というのはありえないことで、このへんのところは、学問のほうに問題があるのではないでしょうか。

逆に、批判のほうに使われるかもしれませんけれども、例えば、「オウム真理教の善悪さえ分からない宗教学」というのは、「役に立っていない」ということで、むしろリストラされなければいけない立場に立っているわけです。

やはり、「善悪が分かる」というのは道徳の基本であり、宗教は道徳よりももっと上にある上位概念です。宗教というのは、哲学よりもさらに上になければいけないものなのです。

大川隆法　昔から、「哲学は、神学の端女《はしため》である」という言葉があるように、こちらのほうが上なのです。神様を理解する学問のほうが哲学より上であるし、哲学は道徳より上なのです。学問秩序としては、そうなっているわけで、哲学から万学が出てくるのです。そのへんを理解しないといけないと思いますね。

信者さんから、何百億円というお布施をいただいて、大学を建立しているのです。この設立資金は、すべて信者さんから出ているわけですよ。

そこから出た資金でつくった大学の学部において、修道士ならぬ僧職者も養成する予定になっているのです。ところが、「『その学部に行ったら信仰心がなくなる』というような学問を教えて卒業させたら、資格を与えられる」というのでは、全員、文科省で引きとってもらわないといけない状態になりますよね。

これでは、応援してくださってる信者のみなさんに対して、ギルティ（有罪）だと思います。

「僧職者」「聖職者」としてのあるべき人物像とは

大川隆法　よその大学については、よく知りませんが、例えば、天理大学では、天理教の教義を、専門課程で教えてはいけないのでしょうか。

黒川　教学を教えています。

大川隆法　教えるでしょう？　普通。

黒川　はい。

大川隆法　普通、そうでしょう？　「天理大学でそれを教えられない」というのは、おかしいでしょう？

黒川　はい、天理教学などがあります。

大川隆法　まあ、「創価大学で宗教学部をつくれない」というのは聞いたことがあります。「日蓮宗の勉強をした教授を呼んでくると教養が崩壊してしまうために、つくれないのだ」ということを聞きました。要するに、「批判し始めるのだ」という理由でつくれなかったらしいのですが、当会では、そういうことはありません。

ほかのキリスト教学や仏教学や、神道学、イスラム教学も並立して研究することは可能です。比較宗教的な面も持っているので、別に構わないのです。

ただ、そのなかで、当会の教義自体も、一つの僧職者養成コースとして残していただかないと、お布施をしてくださった信者のみなさまがたに申し訳が立ちません。文科省の人たちは、信者のみなさまがたに、「なぜ駄目なのか」を説明してくれるのでしょうか。お金を出しているのは信者さんなのですが、そう説得してくれるのかどうか。はっきり言って、お力をお貸しいただきたいですね。

木村　われわれも、人間幸福学部のなかに、僧職者養成コース的なものをつくろうと思っていますが、そういう意味では、その学部長は、黒川をおいて、ほかにはいないだろうと考えています。

大川隆法　そうですね。教学においては、天才性を示していますからね。もう、「人間グーグル」とまで言われた人ですから（『「人間グーグル」との対話』〔幸福実現党刊〕参照）。

黒川　（笑）

大川隆法　次は、「教義グーグル」と呼ばなくてはいけないかもしれません。

やはり、博学ですし、頭に入る量が非常に大きいですからね。(九鬼と黒川に)二人とも偶然にも早稲田の高等学院から、それぞれ早稲田の法学部と政経に入って、とてもご優秀だったみたいですからね。

九鬼さんも、高校時代から、最高の「優」に当たる八十点台をずっとキープしていたようですし、大学でもご優秀で、企業に入ってからも、研修で北米に行かれるぐらいですから、そうとう優秀な方でしょう。

黒川さんの優秀な部分も折紙付きですので、大したものですね。

木村さんにいたっては、何か補足説明があるのではないですか。

政党(幸福実現党)の党首に何カ月か、なったことがありますが、自伝を書いたら、「あまり優秀なので、政治家には向かないのではないか」ということでした。

今は、こちらのほうに回ってきているのでいいのですが、「政治家はあまり頭がよすぎると、できない」「勉強ができすぎたけど、もう少し汚いフィールドワークができないと、政治家には向かないのではないか」ということで……。

木村　（笑）

大川隆法　今は、聖職者として、学問のほうが向いているのではないかと思います。イェール大学は、アメリカの大統領がよく行くところですよね。

司会　そうですね。

大川隆法　木村さんは、イェール大学の大学院で、ブッシュ大統領よりは優秀だったらしいようなので、十分ではないでしょうか。アメリカの大統領よりは、やや優秀なんでしょう？

木村　（笑）

大川隆法　ブッシュさんは、高校の作文で零点を取って大変だったらしいですからね。お父さん（ブッシュ・シニア）のコネでイェール大に入ったのですが、アメリカ人が、英語で書く作文で零点を取ったという話です。

どうやったら零点が取れるのか、私には分かりません。家庭教師が書かないから駄目だったのかどうか、分かりませんが、木村さんはそのイェール大のＭＢＡコースで全優（オール・プロフィシェント）を揃えられたわけです。アメリカの大統領が、よだれを垂らすような話です。オバマさんでも、ハーバードのロースクールで二番だったということですから、なかなか一番は取れないものです。

その意味では、アメリカの大統領をやってもいい人が、たまたま、小さな学園の理事長をやろうとなさっているわけですから、力としては十分なのではないでしょうか。もう少し、大きな大学になっていかないと、やはり、エネルギーが余るのではないかと思うのです。

13　幸福の科学大学は日本の成長戦略の柱

政権の戦略・施策をも支える力ともなる

司会　本日は、「究極の国家成長戦略としての『幸福の科学大学の挑戦』」ということで、まさに、「国が担うようなことを、代わりにやっている」ということが非常によく分かりました。

大川隆法　そうですね。当会がやっていることは、ほかの政権でも役には立ちますけれども、安倍政権は、アベノミクスの「三本の矢」のなかの、最後の「成長戦略」のところで、今、ややぐらついてきているようですので、アベノミクスを成功させたければ、まず、幸福の科学大学を強力に後押ししないといけないでしょう。

「東大の上位一割だけに海外適性をつけて留学させよう」などというあたりでは、まだまだ甘く、ミッションが足りていません。そのようなことでは駄目だと思います。国際競争力を持つのは、まさしく、うちの卒業生だと私は思うので、ここは力を入れていきます。

本当は全額、文科省負担でもいいぐらいでしょう(会場笑)。国を発展させるわけですから、国家予算そのものを投入しなければいけないぐらいだと思います。ただ、補助金は、運営実績がないと、しばらく頂けないのでしょう。それは、別に構いませんが、口のほうが早すぎるのではないでしょうか。

しかし、いろいろとおっしゃっている人たちは、すでに、過去を生きている人たちなのです。これを言うと怒られるかもしれませんが(会場笑)、未来を生きようとしている私たちにとっては、〝雑音〟にしか聞こえない面もあります。

少なくとも、文句を言っている人たちが、憲法を勉強していないことだけは確かです。あるいは、忘れ去っていることだけは確かでしょう。

「学問の自由」と「信教の自由」から、大学創設の意味を考える

大川隆法　憲法には、「学問の自由」と「信教の自由」があるのです。「憲法改正」をしようとして、あれほど安倍政権が苦労しているのですから、学問の自由と信教の自由はまだ、当分続くものだと思われます。

学問の自由の面でいえば、特に、国立大学なら、少しは縛られてもしかたがないとは思いつつも、国立大学も、民営化というか、国立大学法人になってきているし、ましてや、信教の自由と学問の自由とがダブルでかかっている宗教系の大学であれば、やはり、ある程度、理性をもって、意見を差し控えねばならない部分もあるのではないでしょうか。私はそう思います。

そうしないと、「憲法違反」です。あらゆる公務員は、やはり、憲法に従わなければいけません。

最近、「立憲主義」ということが、やたら、にぎやかに言われるようになってき

ていて、私は、「ほお。そうですか」と思って聞いています。「憲法は、公務員を縛るものだ」ということを一生懸命、言っていますが、公務員を縛るものであれば、学問の自由も信教の自由も公務員を縛らないといけないでしょう。

それで、一般市民は縛らなくてもいいような意見が、やたら強いのですが、私はそうは思っていなかったのです。一般市民も、いろいろと、享受する権利がたくさん入っているので、全部にかかるものだと思っていたのだけれども、「公務員を縛るのが憲法だ」という意見が、最近、ものすごく強いのです。それは、知りませんでした。

私は、国立大学で、元・帝国大学である、東京大学の法学部に入ったら、法学部の憲法学の教授が、天皇制に反対を明言しておられたので、「あれ？　天皇制は憲法にきちんと載っているけれども、公務員は守らなくてもいいんだ。学問の自由というのは強いものだな」と思って感心した覚えがあります。はっきりと反対しておられました。

また、成田空港をつくるときにも、反対運動の思想的バックボーンとして、頑張っておられましたので、「学問の自由というのは、実に強いんだな。そのような、政府が推し進めようとすることでも、押しとどめる力があったり、憲法で決められている制度でも、破壊するだけの力が、学問の自由にはあるんだ。ほお、東大の教授というのは、公務員であって給料を国からもらいながら、国に反対することもできるんだ。すごいなあ」と、妙に感動した覚えがあるのです

その主張には、全然、リンクしませんでしたし、共鳴しなかったのですが、それに比べると、私たちが言っていることは、実にささやかなことです。

新しく帝国大学として認定していただいても構わないぐらいの大学です。ただ、事業経営ができなくなるといけないので、そこは、辞退していこうとは思いますが、まだまだ可能性のあるところですので、ぜひとも、強力な推進をお願いしたいと思います。

また信者の願いもあります。信者も、国民として税金を納めた上で、残った貯蓄

のなかから尊い献金をなされ、それを積み上げて大学をつくっているわけです。

今は、大学も建物が建って、教員も採用している段階ですので、あまり信者から見てブーイングが出るような、教え方の変更だとか名前の変更だとかを言ったり、カリキュラムについてあれこれ言い過ぎるのは、どうしたものかという感じが私もしています。

どうか、憲法をもう一回読んでいただいて、「学問の自由」と「信教の自由」があることを、よく勉強していただければありがたいと思いますね。

ただ、今の政権には、今後も協力的にやっていきたいとは思っています。そう、一言、付け加えておきます。

司会　本日は、まことにありがとうございました。

一同　ありがとうございました。

あとがき

創立者である大川隆法総裁との本日の対談を通じ、「建学の精神」を改めて確認し、決意を新たにした次第です。

「未来を創る」ことは、現在を生きる私たちが、後世に遺《のこ》す遺産として最大の価値がある〝ミッション〟です。人類の未来に貢献する、価値ある大学創りへのチャレンジが始まりました。

過去を見つめ、現在の延長線上に未来を描くことは難しくはありません。しかし、純白のキャンバスに未来のビジョンを描き、それを実践することは、簡単なことではありません。それを説得し、理解してもらう努力を今後とも積み重ね続けていく覚悟を強くするものです。

たとえ困難な道であっても、日本、そして世界の未来を創るための努力を、止めてはなりません。「世界の人々を幸福にする」学問を探究し、「新しい文明を創造する」人材を輩出する幸福の科学大学は、まさしく「究極の国家成長戦略」でもあります。希望の未来を拓《ひら》く私たちの挑戦が、未来への贈り物として見事に結実することを願い、開学に向けて全力を尽くして参る所存です。

二〇一四年　五月二十七日

学校法人幸福の科学学園《がっこうほうじんこうふくのかがくがくえん》
理事長《りじちょう》　木村智重《きむらともしげ》
副理事長《ふくりじちょう》（大学設置構想担当《だいがくせっちこうそうたんとう》）・幸福の科学大学学長候補《こうふくのかがくだいがくがくちょうこうほ》　九鬼一《くきはじめ》
理事《りじ》・幸福の科学大学人間幸福学部長候補《こうふくのかがくだいがくにんげんこうふくがくぶちょうこうほ》　黒川白雲《くろかわはくうん》

『究極の国家成長戦略としての「幸福の科学大学の挑戦」』 大川隆法著作関連書籍

『フランクリー・スピーキング』（幸福の科学出版刊）
『教育の法』（同右）
『教育の使命』（同右）
『新しき大学の理念』（同右）
『「人間幸福学」とは何か』（同右）
『「経営成功学」とは何か』（同右）
『「未来産業学」とは何か』（同右）
『人間グーグルとの対話』（幸福実現党刊）

究極《きゅうきょく》の国家《こっか》成長戦略《せいちょうせんりゃく》としての「幸福《こうふく》の科学大学《かがくだいがく》の挑戦《ちょうせん》」

――大川隆法 vs. 木村智重・九鬼 一・黒川白雲――

2014年5月28日　初版第1刷
2014年6月3日　第2刷

著者　大《おお》川《かわ》隆《りゅう》法《ほう》

発行所　幸福の科学出版株式会社

〒107-0052 東京都港区赤坂2丁目10番14号
TEL(03)5573-7700
http://www.irhpress.co.jp/

印刷・製本　株式会社 東京研文社

落丁・乱丁本はおとりかえいたします

ISBN978-4-86395-477-9 C0030

大川隆法 ベストセラーズ・「幸福の科学大学」が目指すもの

新しき大学の理念

「幸福の科学大学」がめざす
ニュー・フロンティア

2015 年、開学予定の「幸福の科学大学」。日本の大学教育に新風を吹き込む「新時代の教育理念」とは? 創立者・大川隆法が、そのビジョンを語る。

1,400 円

「経営成功学」とは何か

百戦百勝の新しい経営学

経営者を育てない日本の経営学!? アメリカをダメにした MBA──!? 幸福の科学大学の「経営成功学」に託された経営哲学のニュー・フロンティアとは。

1,500 円

「人間幸福学」とは何か

人類の幸福を探究する新学問

「人間の幸福」という観点から、あらゆる学問を再検証し、再構築する──。数千年の未来に向けて開かれていく学問の源流がここにある。

1,500 円

「未来産業学」とは何か

未来文明の源流を創造する

新しい産業への挑戦──「ありえない」を、「ありうる」に変える! 未来文明の源流となる分野を研究し、人類の進化とユートピア建設を目指す。

1,500 円

※表示価格は本体価格(税別)です。

大川隆法ベストセラーズ・「幸福の科学大学」が目指すもの

宗教学から観た「幸福の科学」学・入門

立宗 27 年目の未来型宗教を分析する

幸福の科学とは、どんな宗教なのか。教義や活動の特徴とは？ 他の宗教との違いとは？ 総裁自らが、宗教学の見地から「幸福の科学」を分析する。

1,500 円

仏教学から観た「幸福の科学」分析

東大名誉教授・中村元と仏教学者・渡辺照宏のパースペクティブ（視角）から

仏教は「無霊魂説」ではない！ 仏教学の権威 中村元氏の死後 14 年目の衝撃の真実と、渡辺照宏氏の天上界からのメッセージを収録。

1,500 円

幸福の科学の基本教義とは何か

真理と信仰をめぐる幸福論

進化し続ける幸福の科学──本当の幸福とは何か。永遠の真理とは？ 信仰とは何なのか？ 総裁自らが説き明かす未来型宗教を知るためのヒント。

1,500 円

比較宗教学から観た「幸福の科学」学・入門

性のタブーと結婚・出家制度

同性婚、代理出産、クローンなど、人類の新しい課題への答えとは？ 未来志向の「正しさ」を求めて、比較宗教学の視点から、仏陀の真意を検証する。

1,500 円

※表示価格は本体価格（税別）です。

大川隆法ベストセラーズ・「幸福の科学大学」が目指すもの

プロフェッショナルとしての国際ビジネスマンの条件

実用英語だけでは、国際社会で通用しない! 語学力と教養を兼ね備えた真の国際人をめざし、日本人が世界で活躍するための心構えを語る。

1,500円

「ユング心理学」を宗教分析する

「人間幸福学」から見た心理学の功罪

なぜユングは天上界に還ったのか。どうしてフロイトは地獄に堕ちたのか。分析心理学の創始者が語る現代心理学の問題点とは。

1,500円

恋愛学・恋愛失敗学入門

恋愛と勉強は両立できる? なぜダメンズと別れられないのか? 理想の相手をつかまえるには? 幸せな恋愛・結婚をするためのヒントがここに。

1,500円

「現行日本国憲法」をどう考えるべきか

天皇制、第九条、そして議院内閣制

憲法の嘘を放置して、解釈によって逃れることは続けるべきではない―。現行憲法の矛盾や問題点を指摘し、憲法のあるべき姿を考える。

1,500円

※表示価格は本体価格(税別)です。

Noblesse《ノーブレス》 Oblige《オブリージ》

「高貴なる義務」を果たす、
「真のエリート」を目指せ。

幸福の科学学園
中学校・高等学校（那須本校）

Happy Science Academy Junior and Senior High School

私は、
教育が人間を創ると
信じている一人である。
若い人たちに、
夢とロマンと、精進、
勇気の大切さを伝えたい。
この国を、全世界を、
ユートピアに変えていく力を
出してもらいたいのだ。

（幸福の科学学園 創立記念碑より）

幸福の科学学園 創立者
大川隆法

幸福の科学学園（那須本校）は、幸福の科学の教育理念のもとにつくられた、男女共学、全寮制の中学校・高等学校です。自由闊達な校風のもと、「高度な知性」と「徳育」を融合させ、社会に貢献するリーダーの養成を目指しており、2014年4月には開校四周年を迎えました。

Noblesse《ノーブレス》 Oblige《オブリージ》 「高貴なる義務」を果たす、「真のエリート」を目指せ。

2013年 春 開校

幸福の科学学園 関西中学校・高等学校

Happy Science Academy
Kansai Junior and Senior High School

私は日本に
真のエリート校を創り、
世界の模範としたい
という気概に満ちている。
『幸福の科学学園』は、
私の『希望』であり、
『宝』でもある。
世界を変えていく、
多才かつ多彩な人材が、
今後、数限りなく
輩出されていくことだろう。
（幸福の科学学園関西校 創立記念碑より）

幸福の科学学園 創立者
大川隆法

滋賀県大津市、美しい琵琶湖の西岸に建つ幸福の科学学園（関西校）は、男女共学、通学も入寮も可能な中学校・高等学校です。発展・繁栄を校風とし、宗教教育や企業家教育を通して、学力と企業家精神、徳力を備えた、未来の世界に責任を持つ「世界のリーダー」を輩出することを目指しています。

幸福の科学学園・教育の特色

「徳ある英才」の創造

教科「宗教」で真理を学び、行事や部活動、寮を含めた学校生活全体で実修して、ノーブレス・オブリージ(高貴なる義務)を果たす「徳ある英才」を育てていきます。

体育祭

天分を伸ばす「創造性教育」

教科「探究創造」で、偉人学習に力を入れると共に、日本文化や国際コミュニケーションなどの教養教育を施すことで、各自が自分の使命・理想像を発見できるよう導きます。さらに高大連携教育で、知識のみならず、知識の応用能力も磨き、企業家精神も養成します。芸術面にも力を入れます。

探究創造科発表会

一人ひとりの進度に合わせた「きめ細やかな進学指導」

熱意溢れる上質の授業をベースに、一人ひとりの強みと弱みを分析して対策を立てます。強みを伸ばす「特別講習」や、弱点を分かるところまでさかのぼって克服する「補講」や「個別指導」で、第一志望に合格する進学指導を実現します。

授業の様子

自立心と友情を育てる「寮制」

寮は、真なる自立を促し、信じ合える仲間をつくる場です。親元を離れ、団体生活を送ることで、縦・横の関係を学び、力強い自立心と友情、社会性を養います。

毎朝夕のお祈りの時間

幸福の科学学園の進学指導

1 英数先行型授業

受験に大切な英語と数学を特に重視。「わかる」（解法理解）まで教え、「できる」（解法応用）、「点がとれる」（スピード訓練）まで繰り返し演習しながら、高校三年間の内容を高校二年までにマスター。高校二年からの文理別科目も余裕で仕上げられる効率的学習設計です。

2 習熟度別授業

英語・数学は、中学一年から習熟度別クラス編成による授業を実施。生徒のレベルに応じてきめ細やかに指導します。各教科ごとに作成された学習計画と、合格までのロードマップに基づいて、大学受験に向けた学力強化を図ります。

3 基礎力強化の補講と個別指導

基礎レベルの強化が必要な生徒には、放課後や夕食後の時間に、英数中心の補講を実施。特に数学においては、授業の中で行われる確認テストで合格に満たない場合は、できるまで徹底した補講を行います。さらに、カフェテリアなどでの質疑対応の形で個別指導も行います。

4 特別講習

夏期・冬期の休業中には、中学一年から高校二年まで、特別講習を実施。中学生は国・数・英の三教科を中心に、高校一年からは五教科でそれぞれ実力別に分けた講座を開講し、実力養成を図ります。高校二年からは、春期講習会も実施し、大学受験に向けて、より強化します。

5 幸福の科学大学（仮称・設置認可申請中）への進学

二〇一五年四月開学予定の幸福の科学大学への進学を目指す生徒を対象に、推薦制度を設ける予定です。留学用英語や専門基礎の先取りなど、社会で役立つ学問の基礎を指導します。

授業の様子

詳しい内容、パンフレット、募集要項のお申し込みは下記まで。

幸福の科学学園 関西中学校・高等学校

〒520-0248
滋賀県大津市仰木の里東2-16-1
TEL.077-573-7774
FAX.077-573-7775
[公式サイト]
www.kansai.happy-science.ac.jp
[お問い合わせ]
info-kansai@happy-science.ac.jp

幸福の科学学園 中学校・高等学校

〒329-3434
栃木県那須郡那須町梁瀬 487-1
TEL.0287-75-7777
FAX.0287-75-7779
[公式サイト]
www.happy-science.ac.jp
[お問い合わせ]
info-js@happy-science.ac.jp

仏法真理塾

サクセスNo.1

未来の菩薩を育て、仏国土ユートピアを目指す！

サクセスNo.1 東京本校（戸越精舎内）

仏法真理塾「サクセスNo.1」とは

宗教法人幸福の科学による信仰教育の機関です。信仰教育・徳育にウエイトを置きつつ、将来、社会人として活躍するための学力養成にも力を注いでいます。

「サクセスNo.1」のねらいには、「仏法真理と子どもの教育面での成長とを一体化させる」ということが根本にあるのです。

大川隆法総裁　御法話『サクセスNo.1』の精神」より

仏法真理塾「サクセスNo.1」の教育について

信仰教育が育む健全な心

御法話拝聴や祈願、経典の学習会などを通して、仏の子としての「正しい心」を学びます。

学業修行で学力を伸ばす

忍耐力や集中力、克己心を磨き、努力によって道を拓く喜びを体得します。

法友との交流で友情を築く

塾生同士の交流も活発です。お互いに信仰の価値観を共有するなかで、深い友情が育まれます。

●サクセスNo.1は全国に、本校・拠点・支部校を展開しています。

東京本校	TEL.03-5750-0747	FAX.03-5750-0737
名古屋本校	TEL.052-930-6389	FAX.052-930-6390
大阪本校	TEL.06-6271-7787	FAX.06-6271-7831
京滋本校	TEL.075-694-1777	FAX.075-661-8864
神戸本校	TEL.078-381-6227	FAX.078-381-6228
西東京本校	TEL.042-643-0722	FAX.042-643-0723
札幌本校	TEL.011-768-7734	FAX.011-768-7738
福岡本校	TEL.092-732-7200	FAX.092-732-7110
宇都宮本校	TEL.028-611-4780	FAX.028-611-4781
高松本校	TEL.087-811-2775	FAX.087-821-9177
沖縄本校	TEL.098-917-0472	FAX.098-917-0473
広島拠点	TEL.090-4913-7771	FAX.082-533-7733
岡山拠点	TEL.086-207-2070	FAX.086-207-2033
北陸拠点	TEL.080-3460-3754	FAX.076-464-1341
大宮拠点	TEL.048-778-9047	FAX.048-778-9047

全国支部校のお問い合わせは、
サクセスNo.1 東京本校（TEL. 03-5750-0747）まで。
メール info@success.irh.jp

エンゼルプランV

信仰教育をベースに、知育や創造活動も行っています。

信仰に基づいて、幼児の心を豊かに育む情操教育を行っています。また、知育や創造活動を通して、ひとりひとりの子どもの個性を大切に伸ばします。お母さんたちの心の交流の場ともなっています。

TEL 03-5750-0757　FAX 03-5750-0767
メール angel-plan-v@kofuku-no-kagaku.or.jp

ネバー・マインド

不登校の子どもたちを支援するスクール。

「ネバー・マインド」とは、幸福の科学グループの不登校児支援スクールです。「信仰教育」と「学業支援」「体力増強」を柱に、合宿をはじめとするさまざまなプログラムで、再登校へのチャレンジと、進路先の受験対策指導、生活リズムの改善、心の通う仲間づくりを応援します。

TEL 03-5750-1741　FAX 03-5750-0734
メール nevermind@happy-science.org

ユー・アー・エンゼル!(あなたは天使!)運動

障害児の不安や悩みに取り組み、ご両親を励まし、勇気づける、障害児支援のボランティア運動です。学生や経験豊富なボランティアを中心に、全国各地で、障害児向けの信仰教育を行っています。保護者向けには、交流会や、医療者・特別支援教育者による勉強会、メール相談を行っています。

TEL 03-5750-1741　FAX 03-5750-0734
メール you-are-angel@happy-science.org

シニア・プラン21

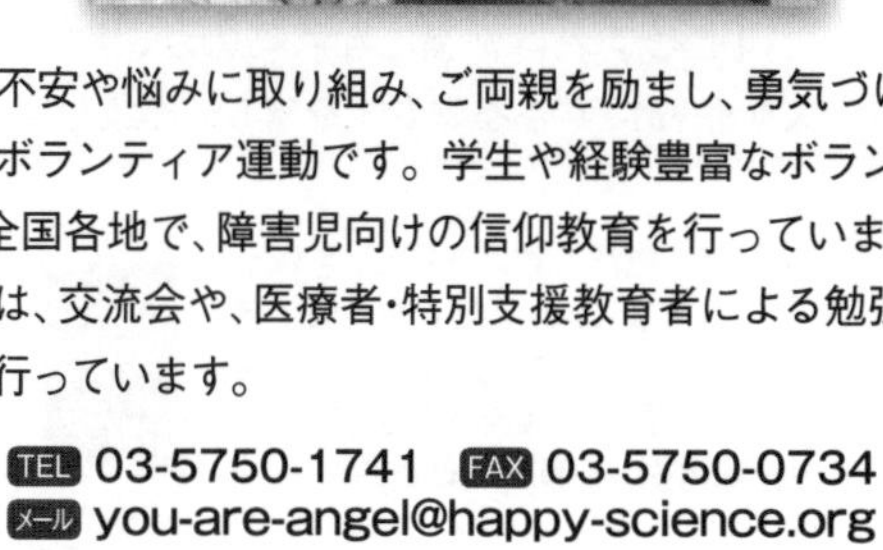

生涯反省で人生を再生・新生し、希望に満ちた生涯現役人生を生きる仏法真理道場です。週1回、開催される研修には、年齢を問わず、多くの方が参加しています。現在、全国8カ所(東京、名古屋、大阪、福岡、新潟、仙台、札幌、千葉)で開校中です。

東京校 TEL 03-6384-0778　FAX 03-6384-0779
メール senior-plan@kofuku-no-kagaku.or.jp

入会のご案内

あなたも、幸福の科学に集い、ほんとうの幸福を見つけてみませんか？

幸福の科学では、大川隆法総裁が説く仏法真理をもとに、
「どうすれば幸福になれるのか、また、
他の人を幸福にできるのか」を学び、実践しています。

入会

大川隆法総裁の教えを信じ、学ぼうとする方なら、どなたでも入会できます。入会された方には、『入会版「正心法語」』が授与されます。（入会の奉納は1,000円目安です）

ネットでも**入会**
できます。詳しくは、
下記URLへ。
happy-science.jp/joinus

三帰《さんき》誓願《せいがん》

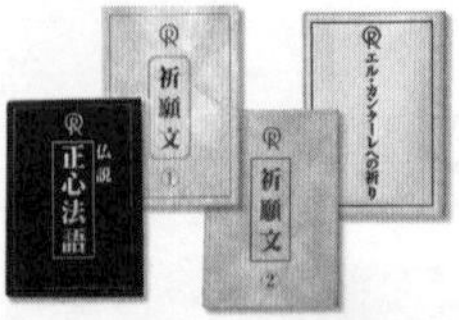

仏弟子としてさらに信仰を深めたい方は、仏・法・僧の三宝への帰依を誓う「三帰誓願式」を受けることができます。三帰誓願者には、『仏説・正心法語』『祈願文①』『祈願文②』『エル・カンターレへの祈り』が授与されます。

植福《しょくふく》の会

植福は、ユートピア建設のために、自分の富を差し出す尊い布施の行為です。布施の機会として、毎月1口1,000円からお申込みいただける、「植福の会」がございます。

「植福の会」に参加された方のうちご希望の方には、幸福の科学の小冊子（毎月1回）をお送りいたします。詳しくは、下記の電話番号までお問い合わせください。

月刊「幸福の科学」

ザ・伝道

ヤング・ブッダ

ヘルメス・エンゼルズ

INFORMATION	幸福の科学サービスセンター TEL. 03-5793-1727（受付時間 火～金：10～20時／土・日：10～18時） 宗教法人 幸福の科学 公式サイト happy-science.jp